大展好書　好書大展
品嘗好書　冠群可期

少林功夫⑪

少林正宗太祖拳法

高　翔　著

大展出版社有限公司

前　言

太祖拳又名洪拳或紅拳，在中國武術中流派很多。

南少林有洪家拳和太祖拳。洪家拳由福建洪熙官創傳，乃南拳「洪、劉、蔡、李、莫」五門名拳之一；太祖拳是南拳地方拳路的一種。

峨嵋派有洪門拳和趙門拳兩種。洪門在四川流傳最廣，分旱洪和水洪兩種，爲「洪、化、字、慧」四小家之一；趙門也是蜀地拳，與「岳、杜、僧」合稱四大家。

長拳門中有太祖拳，也稱「三十二勢長拳」，山東多傳習。

戳腳門中有太祖拳，傳說由明朝朱元璋創設，也稱「明太祖拳」和「明洪武拳」，與「董豹、老鷹、彌陀」並稱四大名拳。

河南嵩山少林寺有洪拳，分大洪拳和小洪拳，是少林寺的代表拳法，流傳最廣。

陝西有紅拳，舊說「紅拳出關中」，路數最多，

可納入長拳範疇。

湖北地方拳中有洪門拳，風格近於武當派。

江湖賣藝中有紅拳，演練花哨，架勢美觀，被統稱爲「花紅」。

還有一種年代古老的洪拳門，分大洪門和小洪門，各自獨立，與「少林、華拳、潭腿、串拳」同列稱六大名門。

其他還有回紅拳、苗紅、關西紅、關東紅、隴地高紅拳等各地不同傳承。

本書介紹的太祖拳是中央國術館第一屆國術國考優等獲得者張世德師承，至今已三十七代，風格剛猛，注重實戰，屬少林派正宗嫡傳。

4

筆者參考太祖老譜，結合自身經驗，系統成冊，披露當世，以饗後學。其中皆爲太祖門歷代眞傳，希望志武者多加珍愛，必有大用。但限於水準，難免缺憾，懇請方家不吝賜教。

目　錄

>>>

第一章

太祖拳概論

>>>>>>>>>>>>>>>>>>>>>>>>>

一、太祖拳的源流

　　《太祖拳譜》載：「打遍天下第一家，太祖功夫最可誇。大宋皇帝趙匡胤，少林寺裡傳秘法。十八絕技第一先，古剎練到金鑾殿。若問此拳名和姓，少林定宋太祖拳。」

　　傳說宋太祖趙匡胤在未成大業之前，曾經出家到少林寺裡做俗家弟子，學習正宗少林拳棒，歷經多年苦練，頗有心得，遂以少林為根，自開一門，即太祖拳。後來趙氏離寺，挾技闖蕩江湖，因其武功高強，被官府徵招，留軍重用，戰績卓著，後升至大將。

　　公元 960 年，謀發陳橋兵變，黃袍加身，奪取後周政權，作了馬上皇帝。趙親臨戰陣，多年拼殺，終於消滅各方割據諸侯，成為宋朝第一代開國帝王。

　　登基後，趙利用皇權，招集天下英雄好漢，共聚東京汴梁。憑術考試，選拔其中優秀拳種十八家，分門分派，定勢下傳，以太祖拳居首，而後即流傳開來。

　　若從趙匡胤創拳推算，至今已有一千多年的歷史。太祖

拳真實源流無從考證，但從此拳特徵及拳譜用詞等，可看出此拳同少林寺和少林拳有著極深的淵源。

二、太祖拳的近代傳人

太祖拳的近代傳人中，以張世德最為著名。

張世德，太祖拳第三十四代正宗掌門人。河南開封人，生於 1893 年，35 歲時，獲中央國術館第一屆國術國考優等獎。

後因戰亂，張師輾轉定居在河南虞城利民鎮。張世德傳子張鐵林。張鐵林生於 1918 年，卒於 2001 年，享年 83 歲。是太祖拳第三十五代掌門人，得其父真傳。張鐵林授徒范玉修、高翔等人。

三、太祖拳的功夫

太祖拳非常注重功夫，以功夫作為拳棒根本，主要有兩大功法。

（1）丹田混元氣

其歌訣：「混元氣裡有神奇，萬兩黃金買不去。練功必練丹田氣，太祖功夫它第一。」「太祖氣功有秘傳，練門選在下丹田。練成後天混元氣，瘦子也能倒嵩山。」此功是太祖功夫之母功，特點為以靜為主，以動為輔，主求丹田內氣，兼得腰力內勁，一切功法皆以此功為基礎，此功不成，餘也難成。

（2）大力金剛手

其歌訣：「太祖大力金剛手，趙門神功世罕有。鐵手一發能奪命，功成江湖任意走。運氣發氣正宗藝，苦練硬功稱魁首。拳似油錘掌如刀，不遇狂賊不出手。」主練外剛，功成能斷石開磚，是太祖拳的絕藝。

此功又分兩類，大力金剛錘和大力金剛掌。其門徑由內入手，先運氣行氣，再加功具（沙袋、木板、磚塊、石塊）外練而成，內外結合，進步快，不傷身，不退功。另有一些小功夫輔助，如舒筋功、鷹爪功、鐵臂功、護體功等。

四、太祖拳的拳路

太祖拳的拳路共有四路。

一路小戰拳

其歌訣：「太祖秘拳小戰法，拳勢小巧是短打。未學打人先學防，走步躲避帶招架。」是入門的拳法，要求習者掌握短勁橫力，並含有步形、肘膝法和招架法，短促突擊，架勢緊湊，椿步穩固，動形較小，節奏分明。

二路大戰拳

其歌訣：「太祖秘拳大戰法，重拳重腿重傷殺。帶上腰法練猛勁，要想勝人全靠它。」專練猛勁，注重發力，帶上腰法，配合步法，沖擊撲進，大開大合，很有氣勢。

三路散戰拳

其中動作較少，以二動、三動為主，主要練習太祖拳的散手，極易獲得實戰應用的能力。

四路合戰拳

是對練拳法，有二人合練和三人合練，練習太祖拳的技擊法，培養實戰意識和攻防能力。

五、太祖拳的技擊

太祖拳的技擊法以打法為主，以剛猛法為重，以單打法為基。

其單打分上中下三門打法。

上門打有力劈華山、太祖搧扇、寶刀削喉、油錘貫頂、劈頭蓋臉等。

中門打有黑虎掏心、單掌推碑、火箭穿心、利刃分身、斜踹山門、橫掃千鈞等。

下門打有水蛇伸頭、浪子踢球、裙腿分膝、千鈞墜地等，主要是掌法、拳法和腿法。

各種單打的混合應用，組成了凌厲多變的太祖拳連環技擊法。主要進攻法有：「迎面打拳敵膽寒，下變撩陰防備難。」「腳踢迎面上，拳打敵手忙，用上翻花錘，對方敗當場。」「摟掛蹬踩削切劈，上打靈門腳踢膝，中踢腰眼和會陰，錘打三路人不知，照臉打你大閃門，不得虛實難進去，兩手推心快如風，腳踩三里何處躲。」

主要防守法有招架法和躲避法。

招架法歌訣是：「上來用臂向上架，下來用臂向下砸，中來左右用排法，招快勁大躲開它。」

躲避法歌訣是：「敵人力大不用怕，用上躲避別招架，前躬後仰側身搖，大步退走再想法。」

　　太祖拳的出招要言是：「拳打洪門勢最強，兩手總在懷中藏，拳打一線沒法擋，手腳齊到無法防，見弱硬進必勝場，敵強我弱躲避忙，打法千樣任你用，你不心靈用不上。」

　　太祖拳的發力要訣是：「太祖腰法最重要，不用腰力打不倒，梢節打人中節跟，擺動根節到末梢，發力沒有腰節動，還是未識其中妙。」

六、太祖拳的兵刃

　　太祖拳兵器中以盤龍棍最為著名，全稱為太祖定宋盤龍棍，其歌訣：「太祖棍法最為精，打過關西闖關東，留下盤龍真絕藝，任用隨心顯神通。」此棍法非常厲害，技法多面，且獨具特色，既有棍術長法，又有短法，長法中又融合了某些槍法，可謂一棍多用。

11

　　另有太祖護身柳葉刀，即腰懸佩刀，其歌訣：「寶刀一口腰中懸，遇上危險不作難，絕招一出寒光閃，生吃賊肉刀最讒。」為單刀術，短小精湛，凌厲異常。

少林正宗太祖拳法

12

第二章

太祖拳技擊法入門

>>>>>>>>>>>>>>>>>>>>>>>>>>>>>>

　　基本的技法往往被練武者所輕視，捨本逐末，終無所成。俗語講得好：「萬丈高樓平地起」，沒有一磚一瓦，何談高樓大廈。武術也是如此，練好一拳一腳，就是有成就的開始。

第一節　開門勢

　　開門勢，指技擊和拳法的動作預備勢，有著極強的攻防含義。

一、橫刀立馬勢

　　橫刀立馬勢，是太祖拳最慣用的開門勢，簡稱「橫刀勢」，此勢易攻易防，攻防兼備。

　　橫刀勢分左勢和右勢兩種。左勢：左腿、左手在前，身形右側；右勢：右腿、右手在前，身形左側。以左勢為例說明，一般人慣用左勢。

　　【姿勢說明】：

　　1.身形向右側立 45°，眼看前方。

圖 2-1　　　　　　　　　　　圖 2-2

2.兩手伸出，左前右後，左長右短，手形為拳。腕骨微挺，拳心向下，拳眼向裡，拳面向上。沉肩翹肘，臂節適度彎曲，前後保持適當距離。雙拳一線，正對前方，高不過鼻，低不過心。

3.左腿在前，右腿在後，膝節適度彎曲，前後保持適當距離，成左側馬步樁。雙腳全腳掌著地，左腳尖向前，右腳尖向右，重心前四後六（圖 2-1、2）。

二、拉弓放箭勢

拉弓放箭勢簡稱「拉弓勢」，此勢主攻，勢大架長，利在強擊，能威逼敵勢。

此勢分左右兩勢，左手、左腿在前為左勢，右手、右腿在前為右勢。現以左勢為例說明。

【姿勢說明】：

1.身體向右側立 45°，眼看前方。

圖2-3

圖2-4

2.雙手提起，手型為拳。左拳完全伸出，面向正前，高不過頜，低不過襠，拳心向下，拳眼向右，拳面向前。右臂彎曲，右拳提放右胸前側，拳眼向右，拳心向上，拳面向前。

3.雙腿保持適當距離，左前右後，雙膝適度彎曲，成左側馬步樁，重心前六後四。全腳掌著地，左腳尖向前，右腳尖向右（圖2-3、4）。

三、斂鍔藏鋒勢

斂鍔藏鋒勢簡稱「藏鋒勢」，此勢偏防，勢架較小，利於閃躲避讓，寓意後發制人。

此勢分左右兩勢，左手、左腿在前為左勢，右手、右腿在前為右勢。現以左勢為例說明。

【姿勢說明】：

1.身體右轉成 45°，眼向前看。

圖 2-5　　　　　　　　　圖 2-6

2.雙手提起,手型為拳。左拳在前,中線置放,左臂適度彎曲,沉肩翹肘,拳位高不過鼻,低不過心,腕節挺起,拳面向上,拳眼向內,拳心向右。右拳置放右側胸前,拳眼向右,拳心向上,拳面向前。

3.雙腿左前右後,成左虛步椿,膝節適度彎曲,重心前三後七。左腳腳尖點地,腳跟抬起,右腳全腳掌著地,腳尖斜指向右(圖 2-5、6)。

此是太祖拳常用的開門勢,其實在技擊中,只要有利於攻防,任何姿勢都可採用,不可死搬硬套,要能舉一反三。

臨敵時,立好門戶,擺好架勢,與敵對峙,不易遭襲。但並不能因此死守不攻,要在技擊中,根據敵方的動向企圖,根據攻防的戰勢需要,隨時調節自己的身形、重心、椿步、手位,造機搶機,爭取主動。

第二節　拳　法

　　太祖拳所用拳型只有一種，本門稱作「磚棱掌」：四指併齊捲握，捲貼於手心。拇指緊扣食指、中指的中節指骨上，如此握緊握固，沉重有力，且不易傷指，是太祖拳進攻的重要武器。

一、炮打龍頭

【實戰應用】：

　　1.敵我對峙，我以左開門勢應敵，下同。

　　2.我見機速進，用拳猛力沖擊敵臉、耳（圖2-7）。

【要點解析】：

　　1.炮打龍頭屬上門重拳，長勁直沖，招性主攻，是太祖拳最常用的手法。

　　2.「打人先打頭」。頭部是人體的司令部，一旦擊中，立可致敵喪失抵抗力。敵若與我正對，則擊其面門、鼻梁或雙眼，一觸即傷。敵若側勢，則擊其耳位。

圖2-7

　　3.即使不中，也能擾敵視線，悖其頭位，亂其勢架，滯其來招，迫其回防，使敵喪失主動權。故

太祖拳把炮打龍頭稱作「頭手」，其含義一指打擊敵頭，二指是為第一手。

4.用前拳，距敵較近，不用大動，即能觸敵，易於搶攻奪勢，速度比後拳快，敵甚難防備。而用後拳，距敵雖遠，但蓄幅較大，能充分利用腰力，打出巨勁，對敵造成重傷。

二、火箭穿心

【實戰應用】：

1.敵我對峙。

2.我見機速進，用拳猛力沖擊敵心窩（圖 2-8）。

【要點解析】：

1.火箭穿心，長勁直擊，拳出中線，拳打中盤，不但力量充足，發勁猛烈，中敵心窩，傷害尤重，而且深入距長，長驅直入，進敵腹地，威逼敵勢，能一拳佔先。

2.但攻敵中心，對手不會放任深入，再者，敵持對峙實戰架勢，雙手提起，前臂暗護，打中不順，所以使用火箭穿心，除見隙外，常用在反擊中，破勢進中，或先誘敵，再行攻取。

三、黑狗沖襠

【實戰應用】：

1.敵我對峙。

2.我見機速進，用拳

圖 2-8

猛力沖擊敵下陰（圖
2-9）。

【要點解析】：

1. 此招非常狠
毒，專打下陰，下陰
乃人體最為薄弱處，
一觸即傷，傷重難
治，故不得輕用。

2. 敵我常勢對峙
之時，突然降低椿
步，下潛身形，奇拳
突入，詭異難防。

3. 打擊要準確，
一旦走空，身勢低
矮，手臂前趨直入，
不易收手變化。故在
一拳攻擊時，另拳要
提起，暗護腦側，可
防受擊。

圖 2-9

四、破腸瀉肚

圖 2-10

【實戰應用】：

1. 敵我對峙。

2. 我見機速進，用拳猛力沖擊敵腹肋（圖 2-10）。

【要點解析】：

1. 無論敵正勢或側勢，見隙即進，正則擊肚腹，側則擊

軟肋。

2.此招也可用在短距中，敵我靠近，順勢下沖，不用動步變勢，原勢稍提即沖，擊位正好，便捷易用。而擊頭擊心，無法蓄勢，擊襠稍長，不易擊中。

3.此招因其動形不大，蓄勢較小，常可作為虛招誘敵，先佯攻腹肋，然後取上。

炮打龍頭、黑狗沖襠、火箭穿心和破腸瀉肚，即沖拳直勁的四大變勢，是太祖拳正面攻擊中最為慣用的拳法，是進攻的主要武器。不但強攻時常用，在反擊時也不斷應用。

五、單鋒貫耳

【實戰應用】：

1.敵我對峙。

2.我見機速進，用拳猛力貫打敵耳部（圖2-11）。

【要點解析】：

1.此招是貫拳，貫拳發力和沖拳直勁不同，是弧形拳路，力大勁沉，充分利用腰勁，擰腰轉體，調動人體整力。對敵強攻，能一舉摧毀。

圖2-11

2.此招弧形側擊，屈臂掄轉，最難應接。敵即使胡亂招架，也易漏空，且貫拳力猛，若力小又擋不住，終難萬全。再加上專打耳位，一旦擊中，立致重傷。

六、鐵錘開肋

【實戰應用】：

1.敵我對峙。

2.我見機速進，用拳猛力掏打敵軟肋（圖2-12）。

【要點解析】：

1.此招主要攻擊側勢之敵，其身形斜立，軟肋前送，見機應速擊之。

圖2-12

2.無論用前拳或後拳，應求快準，用身法、步法調節好距離，對準其軟肋施以重拳。

出左拳向右擰腰，出右拳向左擰腰，要打出整體爆發力。

七、黑虎掏心

【實戰應用】：

1.敵我對峙。

2.我見機速進，用拳猛力掏打敵心窩（圖2-13）。

【要點解析】：

1.此招主要攻擊正勢之敵，敵上身正對我時，正宜打心。敵我中短距離時，或我進步迫近時，從下掏擊，是最佳之手。

圖2-13

2.掏拳從下向上，弧形擊出，突然奔心，不易察覺。掏拳也屬重拳，一旦擊中，即可致傷，若再連環上重拳，如炮打龍頭、單鋒貫耳等，一上一下，立收奇效。

圖 2-14

八、勾魂破陰

【實戰應用】：

1.敵我對峙。

2.我見機速進，用拳猛力掏打敵下陰（圖 2-14）。

【要點解析】：

1.此招屬武林陰招，專打下襠，中則重傷，不得輕施。

2.此招是掏拳最低之勢，從下向上弧形撩打，敵若束身躲避，可順擊其心或面門，即使打空，對勢架動搖不大，最適連擊。

九、油錘貫頂

【實戰應用】：

1.敵我對峙。

2.我見機速進，用拳猛力蓋打敵面門（圖 2-15）。

圖 2-15

【要點解析】：

1.此招是蓋拳正勢，用拳從上向下正向蓋劈，專擊面門，要正對敵方正臉發力，但不能劈頭，頭骨堅硬，不但不能傷敵，且有可能挫傷手臂。

2.油錘貫頂，硬性蓋劈，強取豪奪，以勢壓人，以力勝人。

十、劈頭蓋臉

【實戰應用】：

1.敵我對峙。

2.我見機速進，用拳猛力蓋打敵臉側（圖2-16）。

【要點解析】：

1.此招是蓋拳斜勢，發力時右拳從右上向左下蓋劈，左拳從左上向右下蓋劈。

2.觸敵以臉部為主，連帶耳位。斜打不易被防，且打擊範圍大，控制範圍大，一旦出招，可收一拳制敵之效。

3.敵若閃頭逃避，則順勢劈敵防護手臂，砸亂其勢架，為連擊、重擊搶取機會。

十一、雙鋒貫耳

【實戰應用】：

1.敵我對峙。

圖2-16

2.我見機速進，雙拳齊出，猛力貫打敵兩耳（圖2-17）。

【要點解析】：

1.耳部脆弱，單拳擊耳即傷，可傷及聽力連帶腦傷，可致人劇痛昏迷。但尚有緩衝、躲避和卸力餘地，而此招雙拳同出，兩邊同時發

圖 2-17

力，沖擊震動，一中即重損，極為凶悍。

2.一般單手發力，求其快速易變，而雙拳齊發，協勁增力，勢必一舉摧毀。

十二、炮拳雙響

【實戰應用】：

1.敵我對峙。

2.我見機速進，雙拳齊出，猛力沖打敵肩、胸（圖2-18）。

【要點解析】：

1.此招重在搶勢，雙拳同時沖出，不但力量強烈，可將敵撞動或擊倒，即使遇敵格擋，力大到處，敵必被動，

圖 2-18

再加連攻，立能勝之。

2.但凡雙手齊出，要加強變化，一旦失手，雙手皆出，不易回防。其變化宜接腿出，或配合步法，近身短打，不給敵喘息之機。

十三、轟天震地

【實戰應用】：

1.敵我對峙。

2.我見機速進，左用掏拳，右用炮拳，雙拳齊出，猛力打擊敵下陰和面門（圖2-19）。

圖 2-19

【要點解析】：

1.此招上用炮拳，下用掏拳，上打臉面下打陰，同時進擊。兩拳一動，罕出奇招，敵必驚亂，措手不及。

2.以左開門勢對敵時，一般左拳在下，右拳在上，順勢有力。

第三節　掌　法

掌法靈活多變，是進攻及防衛的有利武器。太祖拳所用掌型有兩種，一是柳葉掌，一是五峰掌。

柳葉掌：五指併緊伸直，拇指彎曲內扣於虎口處。五峰掌：五指自然分開，指節伸直，指梢微屈，掌心涵空。

一、力劈華山

【實戰應用】：

1.敵我對峙。

2.我見機速進，用掌猛力劈打敵臉（圖2-20）。

【要點解析】：

1.此招是掌法中最重者，如利刃切物之形，向下正向直劈敵面門諸要，

圖2-20

用掌緣傷人，落面較小，殺傷度高。

2.此招為主攻，搶進強擊，以勢奪人。敵若避之，或起臂架擋，可順勢劈切，破其門戶，以利連擊。

3.正位劈掌，最宜在敵仰脖時，正對面門發力傷之。可用在其他上門招後，補充和增加連續打擊度，或側向先抓控敵髮，後向拉擄，然後劈掌裂門。

二、快刀砍脖

【實戰應用】：

1.敵我對峙。

2.我見機速進，用掌猛力劈打敵側頸（圖2-21）。

圖2-21

【要點解析】：

1.此招是劈掌之斜劈法，主攻敵側頸位。側頸位有頸靜脈和迷走神經，打擊之可致敵昏迷不醒，再加上大力劈掌，常常一擊必傷。

2.斜劈法可配合擰腰轉體，比正劈更加力足勢猛，並且控制面較大，不易打空。遇敵招架，一併劈之，將其戰架打亂，伺機搶擊重創。若敵上門防護嚴密，不宜突入，可先攻其下門，迫其回防，再用力劈上。

三、腦後摘盔

【實戰應用】：

1.敵我對峙。

2.我見機速進，用掌猛力劈打敵後頸（圖2-22）。

【要點解析】：

1.此招用掌劈敵後頸，直接攻擊無法捕正目標，主要用作輔攻。在敵彎腰低頭時，後位漏出，無法自顧，擊之必中，中則重創。

2.主要適用情況：如先抓敵髮，向下拉捋時；或擒腕帶臂，敵被迫向下傾身時；或我閃步側身，到敵側後位時；或敵低頭欲抱我腿時。

圖2-22

四、寶刀削喉

【實戰應用】：

1. 敵我對峙。

2. 我見機速進，用掌猛力削打敵咽喉（圖2-23）。

【要點解析】：

1. 此招橫行用掌緣發力，比較靈活，蓄勢較小，方便易用，常用在近身或中距攻擊時，或用在重擊後。

圖 2-23

2. 此招攻擊目標取位咽喉，能致敵喉傷窒息。掌型扁平，掌緣向前，出擊必須要快，對位要準，以高速和精確來增強削掌的殺傷力。

五、利刃分身

【實戰應用】：

1. 敵我對峙。

2. 我見機速進，用掌猛力削切敵軟肋（圖2-24）。

【要點解析】：

1. 此掌是削掌之低形用法，取位敵軟肋，平行前擊，利用前臂彈抖，短

圖 2-24

形快勁，操縱靈活，在近戰時用途很大。一般發勁時蓄幅越大，勁力越足，但對於削掌來講，動形過大，卻不易著力，這還需要根據敵我當時的戰勢而定，不要過份拘泥。

圖 2-25

2.劈、削兩掌是掌法最常用者，利於強擊，而且不易傷指，一般先出劈掌搶攻，以求重擊，以求奪勢，再連環削掌，順勢易變。

29

六、快馬揮鞭

【實戰應用】：

1.敵我對峙。

2.我見機速進，用掌猛力削切敵下陰（圖 2-25）。

【要點解析】：

1.此招主攻下陰，向下偷擊，一般用前掌，既快又順，操縱靈便。

2.此招既可主動下降身形，掌打下路，也可用在其他上門招法的續攻中，或閃身後避時，順勢向下切陰。配合虛招佯攻上門，伺敵上鉤後用之更佳。

七、雲遮日月

【實戰應用】：

1. 敵我對峙。

2. 我見機速進，用掌猛力拍打敵面門（圖 2-26）。

【要點解析】：

1. 此招五指開掌下拍有兩個技擊作用：一主要是遮閉對方的視

圖 2-26

線，使敵無法看到我對其的連擊招法，所以此招常被當作先鋒手，俗稱封眼掌，為連擊重擊創造極其有利的條件。二也能起到傷害敵方眼球和鼻梁骨的作用，雖不能致其重創，但能致其疼痛不適，削弱戰鬥力。

2. 此招是重擊的前奏，拍掌一發，另招快速連環，不要脫斷，否則錯過良機，難獲大勝。

八、太祖拍球

【實戰應用】：

1. 敵我對峙。

2. 我見機速進，用掌猛力拍打敵頂門（圖 2-27）。

圖 2-27

【要點解析】：

1.此招是拍掌下擊，但面對敵方堅硬的頭蓋骨，如果沒有太祖大力金剛手的功夫，產生不了強勁的震盪殺傷，不宜使用。

2.如功夫到家，一掌拍下，如鐵板砸人，立致敵頭昏腦脹，連傷脖頸，不失為一絕招。發力時，上體下沉，周身整合，沉重猛烈。

九、惡風撲面

【實戰應用】：

1.敵我對峙。

2.我見機速進，用掌猛力推打敵面門（圖 2-28）。

【要點解析】：

1.此招推掌擊面，用掌根發力，對準敵臉面正中，尤以鼻子為目標，可致其鼻痛難忍，重則可挫傷鼻梁骨。

2.頭節是周身之主，領挈全體。頭節受擊，正勢一變，戰架立散，蓄力頓失。我一招推掌雖不能致其重創，也立佔主動，此時搶進連擊，穩勝對方。

十、反掌推印

【實戰應用】：

1.敵我對峙。

2.我見機速進，用掌猛

圖 2-28

力反推敵心肋（圖2-29）。

【要點解析】：

1.此招一般使用前手，中距發力，上可擊敵心，下可擊敵肋，既可傷其要，又可致其仆跌。發招時要快要猛，樁步要穩定。

2.當敵撲來時，立即低頭避勢，擰腰轉

圖2-29

體，前手就近反掌推出。大力所到足以迫其後退，可防止與敵糾纏。或在腿法創敵後，在其搖搖晃晃時，發此掌將其擊倒。

十一、單掌推碑

【實戰應用】：

1.敵我對峙。

2.我見機速進，用掌猛力推打敵肩、胸（圖2-30）。

【要點解析】：

1.此招單掌正向前推，主要破壞敵重心。推掌開掌型發力，接觸面大，控制面大，不能

圖2-30

穿透，卻能震動，再加上直力，最易致敵仰跌。

2.此招用在防守中，還能以一掌控阻對方勁路，遲滯其強大勁力，封閉本體要害，充分保護自己。

十二、太祖搧扇

【實戰應用】：

1.敵我對峙。

2.我見機速進，用掌猛力搧打敵臉、耳（圖2-31）。

【要點解析】：

1.此招為主攻，專擊敵方側臉耳門。從生理學上講，耳部是人體聽覺器官，神經密集，組織脆弱，一旦受擊，疼痛異常，神志模糊。

圖 2-31

2.搧掌五指張開，控制面較大，不易失位。另外用搧掌擊耳門時，手臂可伸開，能增大攻擊距離，也可搧敵面門或腦後，殺傷度雖不高，但重在造勢，能動搖其頭節，擾亂其視線，有利於連擊。

十三、羅漢推車

【實戰應用】：

1.敵我對峙。

2.我見機速進，雙掌齊出，猛力推打敵身體肩、胸位

（圖 2-32）。

【要點解析】：

1.雙手齊出，控制面極大，並且可以調動整體之勁，沖撞力極大，可破壞敵人的重心，能跌人倒地。觸敵部位以肩、胸位為正，最利發勁。使用時，必須推準、推實，不要擊空。此招尤適中距，腳踏中門，快速進身，步到掌到，大力所致，敵必摔跌丈遠。

圖 2-32

2.在技擊時，可先使雙推，不求敵方立倒，而求破壞其重心，動盪其身形，使其喪失攻擊勢，我立施連擊給其重創。或在連擊得手的情況下，敵方驚慌失措，樁步混亂不穩，一招雙推，足以使其猝倒。也可連施雙推，身、步緊逼，雙掌緊跟，身力加掌力，沖量加速度，其勢無敵能擋。

十四、雙鋒貫耳

【實戰應用】：

1.敵我對峙。

2.我見機速進，雙掌齊出，猛力搧打敵兩耳

圖 2-33

34

（圖 2-33）。

【要點解析】：

1. 此招雙掌齊擊，從左右兩側向裡合力，能加重對耳部的傷害度，比單掌搧擊要嚴重得多。如若擊中，破壞神經，能立即昏迷。另外，此招雙手齊出，往往出敵意料，不易防範。

2. 此招用在中短距，應該配合步法，貼身近戰，或伺敵進攻失誤，頭節前趨時，突從兩側出掌重擊。發力著敵時，以掌根為主，掌指輔之。

十五、金槍刺喉

【實戰應用】：

1. 敵我對峙。

2. 我見機速進，用掌猛力插擊敵咽喉（圖 2-34）。

【要點解析】：

1. 此招所用的插掌，是掌法中攻擊距離最長者，速度最快者，能放長擊遠，便捷犀利，迅捷難防。但插掌

圖 2-34

35

為指掌，用指尖傷人，功力差者，或中敵硬位，難以殺傷，還易傷指，所以用時以攻擊敵咽喉，眼球、下陰為宜。此招即主傷咽喉，咽喉處有聲帶、食管、氣管，是人體要害，一旦受擊，危及生命。

2.插掌發招時，不必調動腰力整勁，僅利用手肘的伸舒和手腕的彈抖，將掌指送出，收發靈便，故在臨敵時，多用此招做先手突擊，以搶機奪勢，而且要連續出擊，單手或左右手，快速不斷地對敵襲擾，驚其心，亂其防，漏其隙。

十六、海底撩陰

【實戰應用】：

1.敵我對峙。

2.我見機速進，用掌猛力插撩敵下陰（圖2-35）。

【要點解析】：

1.此招是插掌的下擊形，主攻下陰，既快又長，並且很隱蔽，不易為人察覺。

圖2-35

2.下陰是男人的命根，只要準確，不需重擊，即致劇疼難忍。一個沒有武功的人，甚至是小孩，就足以傷害一個壯男子。所以用插掌遠手擊下，長驅直入，只要打中，即致奇效。

第四節　腿　法

「手是兩扇門，全憑腳踢人」，腿腳是攻擊的重要武器。以腳踢人，力大勁足，殺傷強烈，勢猛難擋。

一、浪子踢球

【實戰應用】：

1. 敵我對峙。

2. 我見機速進，用腳猛力正向彈踢敵下陰（圖2-36）。

【要點解析】：

1. 此招屬武林陰腿，凶猛異常，一旦擊中，立致敵傷，且

圖 2-36

37

出腿隱蔽，低形暗踢，甚難抵禦。臨敵常用此腿，直奔下陰，驚其心，亂其勢，重則喪其命。

2. 彈腿乃腿中最快者，腳尖傷人，易於操縱，收放隨意，變化多端，犀利難測。彈腿腳尖用力，穿透力強，滲透力高，精確性高，能鑽人空檔，傷人要穴。彈腿腳尖施力，全腿伸開，是腿法中最長者，攻擊距離較長，能擊遠敵，主攻時常用。

3. 此招屬彈腿正勢，身正直踢，不但搶攻順勢，易於運用，且常做其他拳法或腿法的引腿，能中則傷，不中即可連環上重拳或踹掃重腿，加大傷害度。反攻時也常用此腿，上架或閃後，突入一腿踢襠，立收奇效。

二、毒彈穿心

【實戰應用】：

1. 敵我對峙。

2.我見機速進，用腳猛力正向彈踢敵心窩（圖2-37）。

【要點解析】：

1.此招也是正勢彈腿，架勢高於浪子踢球，專取敵心門中要，深入腹地，勁力充沛，氣勢猛烈，屬強攻型腿法，臨敵主攻，多用此腿，可奪

圖 2-37

勢佔先。但踢時要踢準，防止走空，腿若走空，樁形不穩，影響連變，且易為敵所乘。

2.此腿暗含掃勁，從下向上、向前彈出腳尖時，暗含腿力撩掃，能破壞敵方向下格阻之力，以取得踢中要害之效。

三、水蛇伸頭

【實戰應用】：

1.敵我對峙。

2.我見機速進，用腳猛力正向彈踢敵小腿骨（圖2-38）。

【要點解析】：

1.此招屬正勢彈腿，專門踢擊敵小腿迎面骨，此骨極其脆

圖 2-38

弱，碰之劇疼，力大則斷，雖不能致命，但足以使敵喪失抵抗力。

2.此招是彈腿最低者，出形隱蔽，不易察覺，因其出形低矮，除動步閃避或提腿阻攔外，別無良法，但動形較小，速度必快，敵尚未動防，已被擊中。

3.此招寸勁崩擊，稍離地面，提腿即踢，一踢即落，一落又踢，極易操縱，連變自如，敵稍懈即傷。踢腿時，雙手提起，暗護上門，防止踢空，遇敵襲擊。

4.此招除能搶奪先機獲取優勢外，反擊時也有妙用，在敵動步時，看準其前腿迎面骨，凌厲一擊，既可阻敵，又可傷敵，攻防兼具。

四、小蛇擺尾

【實戰應用】：

1.敵我對峙。

2.我見機速進，用腳猛力側彈敵要害（圖2-39）。

【要點解析】：

1.小蛇擺尾是彈腿側勢，即在彈腿時側身出腿，這樣樁形較穩，遇敵挑托或托推時，因側身斜勢，不易仰跌，利於攻防。

圖2-39

2.小蛇擺尾，側身彈踢，利用身形伸展，增加了攻擊距

離，並利用踢時轉身撐腰，增加了彈腿力度，且可以踢擊敵隱蔽要害，見隙直入。假敵側勢與我對峙，其襠陰和心門等要害轉向側旁，若從正前踢必不易中，這時則利用小蛇擺尾將腳尖放平從旁側擊。

3. 但一般用前腿出擊，前腿順勢，距敵也近，這樣可以減少動作先兆，加快了速度，提高了實用性。反擊時也如此，上身斜閃或上使招架後，同時順勢出腿，防中即攻，妙招奇擊。

五、大聖蹬爐

【實戰應用】：

1. 敵我對峙。

2. 我見機速進，用腳猛力蹬踢敵腰、胯（圖2-40）。

【要點解析】：

1. 此招屬中距離正面腿法，即踢擊時，身向正前，但正蹬最忌蹬空，或

圖 2-40

被敵挑托抓推，看不準戰機，不要輕出，一旦失招，最易背勢。可以利用虛招，或在其他招法得手後，再施此招，方可一蹬見效。

2. 此腿發勁時用腳掌觸敵，震動撞擊性強，穿透力弱，最易使人仰跌，以破壞敵身勢或架形為要，一般蹬其胯腹位或側髖位等，易於倒地，見隙一蹬，一腳蹬趴，我立勝當場。即使不倒，敵必身形晃動，重心不穩，乃可打之機，伺

機連擊，必能重創。

　　3.一般使用後腿，充分利用腰力，加大蹬腿力量，而用前腿，蓄幅較小，雖出腿方便，但力欠大，中則不傷，蹬之難倒，反為不妙。

六、火磚窩心

【實戰應用】：

　　1.敵我對峙。

　　2.我見機速進，用腳猛力蹬踢敵心窩（圖2-41）。

【要點解析】：

　　1.此招直出中宮，直奔心窩，中央強攻，以求突破，一旦得手，立佔上風。

圖 2-41

41

蹬中後，落腿即進，不可暫停，要窮追猛打（用手連擊最佳）。

　　2.此招也可用在雙方接手僵持時，或已封鎖敵雙手時使用，反擊時也可用此招。在敵突然撲進攻我上門時，對準其心窩猛力蹬去，一能在敵忙於進攻時，見隙傷之，二可阻滯其攻勢，破壞其連攻，以轉化戰勢。

七、揚蹄踏膝

【實戰應用】：

　　1.敵我對峙。

2.我見機速進，用腳猛力蹬踏敵膝關節（圖2-42）。

【要點解析】：

1.此招是蹬腿低勢，正向傷敵膝關節。蹬膝時應蹬敵前膝，距近則快，易於捕捉。

2.此招非常便利，抬腿進步，順勢

圖2-42

蹬膝，前腿或後腿皆可用之。蹬時要暗含踏勁，即向下沉挫之力，一能斷裂敵膝關節，而正向前蹬，不易著力；二利於連動，一旦踢空，落步即進。

八、裙腿分膝

【實戰應用】：

1.敵我對峙。

2.我見機速進，用腳猛力踹跺敵膝關節（圖2-43）。

【要點解析】：

1.此招屬低勢踹腿，身體側形，踢擊時擰腰轉體，充分利用腰法，發力猛烈，

圖2-43

猛然一跺，立致敵膝關節斷傷（重則殘疾），膝關節一傷，整身難動，此時撲上，可置敵敗地。此腿發力時向前、向下用力，除直沖力外，暗含沉勁，更易分膝。

2.此招不但力大，而且不易防範，出形低矮，隱蔽難測，若再出前腿，距敵更近，更有突擊效果。此招腳掌施力，且控制範圍較大，不易走空，對準膝關節，膝關節目標也大，正位、側位皆可，易於捕捉，便於著力。

3.此招也常在反擊中使用，敵進步或踢腿時，我用前腿或後腿對準其膝蓋正或側面，截攔其招於半途中，既破了來招，又給其膝關節以重創。

4.此招順勢能充分利用支撐腿的彎曲度和上身的後傾度，增長攻擊的長度，不需動步，即可接敵殺傷。

九、斜踹山門

【實戰應用】：

1.敵我對峙。

2.我見機速進，用腳猛力踹踢敵身體諸要（圖2-44）。

【要點解析】：

1.斜踹山門是最有力之腿，此招踢出雖是斜身，但腿形卻是直腿，取敵正位。並在踢腿的過程中，充分利用了腰力，調

圖2-44

動了整體勁，屬強攻型腿法，不但能沖傷其內臟，引起重傷，且可致敵傾跌。遇敵格架，因為力大，一般不易攔阻，常能突破其防線，破壞其間架，一舉摧毀。

2.此招出擊多用中勢，有力穩固，並可攻擊敵中盤要位，如軟肋、小腹、心窩等，是太祖拳最常用的腿法。高位也可，但腿功不到家者，必有失力，傷之難重，且高腿不穩，幅度也較大，易被敵乘。

3.此招斜身攻擊，最易操縱，非常穩定，易於控制重心，遇敵挑托、推勾或抓攫時，身樁易於調節，不致仰跌，利於補救。

4.此招也比較安全，踢腿時上身後仰，除下陰外，上門所有要害大都避開正位，後移側藏，不易被傷。

5.此腿長距、中距、短距皆能攻到，前腿或後腿皆可使用，由身形傾斜度調節長短，由支撐腿彎曲度調節高低。

十、千斤墜地

【實戰應用】：

1.敵我對峙。

2.我見機速進，用腳猛力踹踩敵腳面（圖2-45）。

【要點解析】：

1.此招攻擊腿膝關節大幅彎曲，長腿短發，踹腿下擊，必在近身時使用。向下震腳，

圖2-45

整身之力集中於一腳跟，殺傷強烈，輕則致敵進退不能，劇疼難忍，重則骨折趾殘。

2.臨敵應用可在僵持時、撕扯時或近身控上時，突然向下猛力一跺，不易察覺，極易跺中。

3.千斤墜地一般用前腿攻擊，貼身近戰時，身形不易調轉，後腿無法前邁，正宜前腿原地提膝，蓄力下跺，快速順勢。

十一、橫掃千鈞

【實戰應用】：

1.敵我對峙。

2.我見機速進，用腳猛力掃踢敵身體（圖 2-46）。

【要點解析】：

1.此招踢擊時，動形較大，擰腰轉髖，不但強勁有力，而且控制面較大，敵整個側翼都可在掃腿攻擊之中，屬長距離強攻腿法。主要破壞敵重心，創造有利戰勢，一旦掃中，立即撲進，加以續擊。但也連帶殺傷，如頭、腰或肋等，致其受創。

2.此招向前橫平側掃踢出，主要用腳掌側緣傷敵，連帶整腿裡側掃勁。因整腿皆加著力，幅度極大，一旦走空，身形搖

圖 2-46

晃，自顧不暇，易漏出破綻，所以踢時雙臂要協同用力，增加穩定性，雙眼要看準，增加準確性。

十二、大龍擺尾

【實戰應用】：

1. 敵我對峙。

2. 我見機速進，用腳猛力倒掃敵身體諸要（圖2-47）。

【要點解析】：

1. 此招與橫掃千鈞要點相同，屬一反一正，一從前發，一向後踢，惟此腿發力

圖2-47

時向後轉身，用腳跟傷敵，兩腿常連環使用。此招也可與其他腿法連環，以側向腿法為主，如斜踹山門、小蛇擺尾等，順勢易出，自然產生強大的殺傷力。

2. 此招用時一定要快、要準，向後掃擊速度不快，把握不準，寧可不用，否則必致被動。

十三、臥虎掃蹚

【實戰應用】：

1. 敵我對峙。

2. 我見機速進，用腳猛力掃踢敵下盤（圖2-48）。

【要點解析】：

1. 此招為掃腿最低勢，支撐腿全屈，另腿貼地滑掃，正

46

掃、反掃皆可，專門掃敵單腿或雙腿跟，立可使其身歪摔跌。掃單腿時要掃實腿，即敵重心所在腿，敵若為虛，掃之無用。一般用後腿攻擊，勢順力足。

2.此招常用在反擊時。敵上盤出腿時，一腿獨立，我下蹲躲避後，順勢一掃即倒，而

圖 2-48

敵雙足站立時，樁架穩固，非大力不易成功。

十四、枯樹盤根

【實戰應用】：

1.敵我對峙。

2.我見機速進，用腳猛力勾掃敵腿彎（圖2-49）。

【要點解析】：

1.此招勾掃敵腿彎，致其仰跌，主要勾踢敵前腿，尤在其進步時，重心前移，看準目標，用腳勾踢，一掃即倒。一般上盤用手法配

圖 2-49

合，如劈掌、蓋拳等，與勾掃反向施力，更易倒人。

2. 敵倒地後，防護能力減弱，此時連攻，必獲全勝。常用有兩種，一種以腳尖向前正向彈踢敵肋、耳等，即水蛇伸頭之變勢；另一種以腳掌或腳跟向下踏跺敵頭臉、小腹等，即千斤墜地之變勢。

十五、飛龍舐舌

【實戰應用】：

1. 敵我對峙。

2. 我見機速進，身體跳起，空中發腿，猛力彈踢敵中、上要害（圖 2-50）。

【要點解析】：

1. 正勢飛腿常用此勢，易發易收，準確性高，踢出距離較長。此招在跳起的過程中，傷敵中、上要位，出腿要快，向上跳起與向前正彈同時進行，身形跳起動作完成後，彈腿正好踢出，一氣呵成，不得丟斷。此招主要利用高位，搶勢強擊，所以跳步起身要快，彈出要快，以求一擊成功。人在空中，難再連變，假若失招，費時費力。

圖 2-50

2. 跳起搶近和空中飛彈雖是同時，但若細分，彈腿最重，跳起僅為搶勢近身，僅僅是身法、步法，而傷敵為最終目的，所以注意力要集中在彈踢和預定的目標上。

3. 飛起跳出空中發力後，落地要穩，一旦不穩，易出破綻，且不易連續進招發力。雙手要協動，並暗加防護，防止敵方乘機突進。平常要多練，熟練掌握後，方有大用。絕招之絕，在於純熟自然。

十六、南天蹬門

【實戰應用】：

1. 敵我對峙。

2. 我見機速進，身體跳起，空中發腿猛力蹬踢敵中、上要害（圖2-51）。

【要點解析】：

1. 此招也是飛腿正勢，正向蹬腳，屬腿法直勁，中距離使用，以腳掌或腳跟觸敵殺傷，穿透力不高，但震盪性較強，可以破壞敵方的重心，一腳蹬倒，並且能借助跳步搶勢逼勢。

2. 在空中起蹬腳，不易操縱，若柔軟性不高，或離敵較遠，發力不全，提速不快，不易

圖 2-51

中的，臨敵時先期使用，敵防範森嚴，勢架完備，樁步穩
定，又恐難得手，所以在主攻時，一般用在其他招勢後，在
敵遭受打擊時，挨打受疼時，步法不穩時，身形散亂時，或
驚慌失措時，退步欲逃時，連出此招，方為最佳。

十七、天狗撒尿

【實戰應用】：

1. 敵我對峙。

2. 我見機速進，身體跳起，空中發腿猛力踹踢敵周身要
害（圖2-52）。

【要點解析】：

1. 此招是飛腳側勢，踹腳出形，屬強攻型腿法，具備幾
大優點：一是切合技擊，非常實用。技擊常以側勢取人，易
發易攻，「天狗撒
尿」即以側勢發出，
且側勢落穩，蓄發便
利，易於連擊。二是
步腿合一。在踢腿的
過程中，已跳步進
身，既完成了攻擊進
距，又增加了踢腿的
衝擊力，步腿協調，
一動即到，一到即
傷，令敵措手不及。
三是既猛又快。利用
墊步飛身之勢，搶奪

圖 2-52

主動權，搶取有利位，增強沖擊力，提高殺傷性，乃腿法之最重者，一旦攻出，無法阻擋，敵必急避，否則一腿擊中，立致其重傷。

2. 此招運用時，為保一招成事，常配用虛招，先用掌或拳快速輕擊，用作佯攻，而實用腿擊，一誘即取，最能奏效。攻擊部位，上可踢頭、臉，下可傷襠、膝，中可傷心、肋，也可傷其防臂或要害肢節。使用時可隨勢調變。

十八、二起飛彈

【實戰應用】：

1. 敵我對峙。

2. 我見機速進，一腿單跳，帶動另腿飛起，猛力彈踢敵要害（圖2-53）。

【要點解析】：

1. 此勢與「飛龍舔舌」同是空中飛腿，而起勢略有區別。「飛龍舔舌」是雙腿同時起跳的過程中踢出，一腿踢中時，另腿也在空中；而此招是單跳，即利用一腿提起，借勢使力，拔起身形，帶動另腿，踢中時，一腿落下，另腿前踢。

2. 此招單勢連動，類似於技擊連環法，所以一

圖 2-53

腿的提勢，可以用作虛招，誘其動防，而另腿實踢。彈腿高速，再加虛引，虛中有實，短中加長，令敵難辨。

3. 此招要義在腿法連環中，一腿踢敵後，收腿過程中即暗蓄提勁，跳步起身，另腿飛出，順勢提速，攻位先下後上或連攻中下等，迅疾莫測，絕妙非常。

第五節　短　打

短打法包括頭打法、肘打法、膝打法、肩打法、胯打法。主要用於靠身近戰，短促殺傷，各自都有很強的進攻能力，尤其是肘、膝法。在技擊中，與手打腳踢相互配合，長攻短擊，作用很大。

一、頭撞金鐘

【實戰應用】：

1. 敵我對峙。

2. 我見機速進，用頭正向猛力撞擊敵面門（圖2-54）。

【要點解析】：

1. 此招屬近身技法，貼身短打，主傷面門，頭節堅硬，再加上頭打時調動一身之勁，擊敵面門，致臉破血流，重則昏暈。

圖2-54

2.頭打時，一定要準。若打不準，一旦走空，椿步失衡，易致被動。且向前頭打時，目光下視，一旦失機，非常危險。另外，頭打雖然傷敵強烈，但欠速度，故在近距或僵持時使用，不用動步，順勢頭擊。如敵從前抱我腰時，突然用頭前擊，能收奇效。頭打一定要先控敵雙手，向下拍壓或抓敵雙臂時，使用更佳。

二、鐵頭擊鼓

【實戰應用】：

1.敵我對峙。

2.我見機速進，用頭猛力正向撞擊敵心窩（圖2-55）。

【要點解析】：

1.此招主攻，專傷敵腹心要位，頭節有力，但不宜連變，非良機出現時，不要輕施。

2.可先用雙手下拍或下砸敵雙臂，使其中門漏空，或用手遮閉敵雙眼，使其視線不清，或先用虛招佯攻敵面門，其用手向上防，然後再乘機撲進撞擊。

三、牯牛擺頭

【實戰應用】：

1.敵我對峙。

2.我見機速進，用頭側向猛力撞擊敵面門

圖 2-55

（圖2-56）。

【要點解析】：

1. 此招屬近身技，主攻敵面門，主攻時，突然貼近敵身，側轉頭節，猛然撞擊。反擊時在敵頭近我側位或後位，欲擒拿或控制我時，用之最佳。

2. 無論頭正打或頭側打，因其靈活度和攻擊距所侷限，僅可作為輔攻手段，不得亂用。一旦戰機成熟時，猛然一擊，必有奇效。

圖2-56

四、直搗黃龍

【實戰應用】：

1. 敵我對峙。

2. 我見機速進，用肘猛力搗擊敵心窩（圖2-57）。

【要點解析】：

1. 肘法屬短打最常用者，肘節纖細堅剛，其靈活性和硬度及技法多樣性，都超過頭、肩、膝、胯，主攻敵方上部，能對其造成極大的傷害和威

圖2-57

脅，是近戰的重要武器。

2.短打尤其要配合步法，步法的好壞決定了短打的實用性，步法跟不上，距離靠不近，雖然有力，也是枉發。中間肘搗，中沖心窩，勢猛勁足，有殺傷力，而且不易被擋開。搗肘一般用前勁勢，順勢易發，且攻擊距離長。

3.用肘之後，常連接掌法或拳法，此招先攻中位，既可上接拳掌擊頭，又可下接連手擊陰，肘節不撤，順擺前臂，帶動手擊，犀利難防。

五、彎弓捅鼻

【實戰應用】：

1.敵我對峙。

2.我見機速進，用肘猛力搗擊敵鼻位（圖2-58）。

【要點解析】：

1.此招屬上門肘法，肘節猛勁，直搗面門，一觸即傷。用多時用前肘，不用轉身，滑步急進，順勢沖擊。另手提放肘下，可護側肋。

2.肘法屬近身短打，為求一擊成功，除步法靈活外，常配用虛招，擊上必先誘下，先用手法佯攻，敵下防上漏時，一肘捅去，最易中的。若上門肘打走空，急伸臂用手，向下連擊奔襠，最為有用。

圖 2-58

六、短杖掄頭

【實戰應用】：

1. 敵我對峙。

2. 我見機速進，用肘猛力拐擊敵頭部（圖 2-59）。

【要點解析】：

1. 此招是肘打中最有力者，從側向前裡擺掄，極具殺傷力，其目標又對準頭部諸要，如耳門、嘴巴、鼻

圖 2-59

骨、太陽穴等，更是一觸即傷。用時前肘、後肘皆可攻擊，惟要掌握好時機，配合好身法、步法，調整好用時距離。

2. 此招向裡擺肘，旋轉肘頭，帶上腰力，勁足勢猛，所以必須打準，否則一旦走空，易動蕩身形，導致樁法不穩，遭敵反擊。可先用誘招，假意直沖，敵一上鉤，屈臂肘節側擺而擊。或先出招誘下，敵一動防下，突撲進上肘擊頭。

七、鐵肘挑頦

【實戰應用】：

1. 敵我對峙。

2. 我見機速進，用肘猛力挑擊敵下頦（圖 2-60）。

【要點解析】：

1. 此招針對敵下頦位，從下向上用肘頭強擊，多用前肘，距離較近，取位快捷，動形較下，極具突然性。

2. 打擊下頦部位，不但能夠使下頦脫臼，更重要的是能

夠使敵方仰跌，比打擊側腭和
耳門等位，更易擊倒對手。擊
倒的原因，從生理學上講，並
不是由於下頦神經受到打擊，
引起內耳功能麻痺或腦部貧血
的結果，而是衝擊力震動了腦
部最敏感的部位———延髓，
從而中樞神經系統功能暫時失
去作用，導致失去知覺，癱倒
在地。另外，下頦受到向上的
力量，頭節和上身極度後仰失

圖 2-60

去重心，也易歪倒。學者可以自我體會一下，但切磋時不可
輕用。用拳也有擊倒效應，惟易傷指，準確性要求也高，其
力量和接觸面絕不及挑肘之重之大。

57

八、鐵杵臼蒜

【實戰應用】：

1. 敵我對峙。

2. 我見機速進，用肘猛力
向下搗擊敵身要害（圖 2-
61）。

【要點解析】：

1. 此招向下搗肘，主要用
在輔攻和反擊中。輔攻時，用
在敵方受擊低頭彎腰時，或我
已經控敵後，如已經抓髮下

圖 2-61

拉，或擰敵手臂致敵屈身時，正宜下搗敵後腦、脊背等，能給敵造成相當程度的傷害。

2.反擊時，主要用在敵攻我下盤時，被我閃躲後，或敵抱腿欲施摔跌時，用肘節向下給敵以重擊。

九、金雞獨立

【實戰應用】：

1.敵我對峙。

2.我見機速進，用膝正向猛力提頂敵身要害（圖2-62）。

【要點解析】：

1.膝法在短打中，也是重要的進攻武器，力量充足，並且從下而起，隱蔽難測，利於貼身近戰。「金雞獨立」是膝法的正身擊法，動形較小，直接提膝可擊，方便易用。無論在強攻或反擊中都有很大的用途。

2.強攻時，上身進步，先用雙手控敵上位，如抓髮、拉臂、抱腰等。同時膝擊，或傷臉或傷襠或傷肋，敵無法逃脫。用時要快，上下同動，而單獨膝擊，卻不易擊中，而且不穩。反擊時，假敵用膝擊來，我提膝正向頂住，可破來膝，並且可以封閉襠腹，攔阻敵方的下盤攻勢。或敵出招控我雙手或摟抱我頭位時，我後發先至，提膝急頂，可破其

圖2-62

來勢，逼其回防。

十、鳳凰展翅

【實戰應用】：

1. 敵我對峙。

2. 我見機速進，用膝猛力側向提頂敵身要害（圖2-63）。

【要點解析】：

1. 此勢可以利用上身的傾斜度，提高膝擊的攻擊距離和攻擊高度。

圖 2-63

2. 此勢可以充分擰腰轉體，加大膝擊的殺傷力。

3. 此勢可以利用側身，增強膝擊的穩定性。

十一、野豬拱樹

【實戰應用】：

1. 敵我對峙。

2. 我見機速進，用肩猛力撞擊敵身體（圖2-64）。

【要點解析】：

1. 肩打之法，主要破壞敵方的重心，全身之力，集於一肩，一擁而上，立致敵椿步不穩，身形晃動，自顧不暇，此時連打，跟蹤追

圖 2-64

擊，可一舉奪勝。

2.肩打主要是輔攻，且要用準，在敵怠防或我進步緊逼時，用肩靠之，輕則致其根基動盪，破綻百出，重則可以將敵撞倒。但不可輕用，一旦錯位，周身前擁，極易失重，非常危險，這時應及時動步調節。

圖 2-65

十二、老牛蹭癢

【實戰應用】：

1.敵我對峙。

2.我見機速進，用胯猛力擠撞敵襠位（圖 2-65）。

【要點解析】：

1.此招屬短打最短者，出形極短，常用作輔攻。在進步逼近敵方時，突擰腰送胯，靠撞傷之，或配合肩靠同時擠撞。在摔法中，可作為發力支點，用以破壞敵方的重心。

2.胯打主攻敵襠位，一旦奏效，必加連擊，同時要配合手法，協動暗護。

第六節　爪　法

爪法是手法的一種，有著極強的攻防能力和極大的技擊效用。既可以長擊，也可以短衛；既能直接攻擊敵人要害處，如眼睛、咽喉等，又能運用在擒拿摔跌中，是擒摔的先

手。

一、二龍搶珠

【實戰應用】：

1.敵我對峙。

2.我見機速進，用中、食二指猛力抓插敵雙眼（圖2-66）。

【要點解析】：

1.此招是爪法攻擊，專門戳擊敵雙眼眼

圖 2-66

球，非常狠毒。雙眼是人體極弱要害，輕觸即酸疼流淚，無法視物，嚴重者能致敵變盲，所以不得輕施。

2.出爪時，雙指要叉開，以正對眼位。發招時要快要準，眼睛作為攻擊目標，雖易傷，但目標較小，不易捕捉，敵頭節稍動，即很難中的。

3.直接攻擊眼球，即使不中，也有很大的威脅性。爪指逼人，直指重位，驚其心，亂其勢。若遇敵格擋，則順勢下抓其臂，控制後連打必勝。

二、黃鶯招嗦

【實戰應用】：

1.敵我對峙。

2.我見機速進，用爪猛力鎖扣敵咽喉（圖2-67）。

【要點解析】：

1.此招鎖擊敵咽喉，一旦得手，立致敵窒息。用時多近

身，貼近時或僵持時，突出一爪，直奔敵喉。觸喉後，爪指向裡立即用力，猝然冷動，不得停緩，防止失機。咽喉重位，敵必急救，我則連發重拳，從側門或下門乘機打擊，能一舉摧毀。

圖 2-67

2. 此招三指用力，即食指、中指與大拇指相對扣力，易於伸入。若全爪五指同進，咽喉較小，難以突入，不如三指靈巧。此招攻敵上位，我樁步要提高，重心要前移，出爪要快要準要狠。

三、襠裡摘桃

圖 2-68

【實戰應用】：

1. 敵我對峙。

2. 我見機速進，用爪猛力抓扣敵下陰（圖 2-68）。

【要點解析】：

1. 此招攻擊敵下門，用五指抓握之力傷敵睾丸，損其陰器。下陰質弱，人體命根，一經大力，非同小可。一手攻擊

62

時，另手要上提，協攻暗護，可防上門受擊。

　　2.此招屬進身爪法，下門偷擊。一旦得手，可立致敵傷。假使敵後趨避讓，爪未抓住，應連施長手上門續擊。

四、老鷹抓雞

圖2-69

【實戰應用】：

　　1.敵我對峙。

　　2.我見機速進，用爪猛力抓擒敵頭髮或手臂（圖2-69）。

【要點解析】：

　　1.此招單手抓擒敵頭髮或手臂，是擒拿和抓打的預備手。從擒拿講，先擒抓頭髮或手臂，取獲和穩定目標，有的放矢，並以此為先手，配合其他技法，實施擒拿。如分錯頸節，必先抓髮。

　　2.從打法講，若抓敵頭髮，可控敵頭節，連其一身，雖不致命，敵必劇疼，周身失勢。頭節被控，眼睛失視，腰節下彎，雙手悖力；若抓敵手腕，可順使纏撐擄拉，傷其一臂，或連環其他拳法腿法，從側擊，從下擊，得勢易中。

五、惡虎撲食

【實戰應用】：

　　1.敵我對峙。

2.我見機速進，用雙爪猛力撲抓敵頭髮或手臂（圖2-70）。

【要點解析】：

1.此招是雙手撲抓法，力量較大，兩爪同動，不易失手。

2.一可撲抓敵頭髮，順勢拉捋，一舉奪勢，並可連傷頸

圖 2-70

節。再加連擊，能致敵重創，如順勢起肘向裡拐打敵耳門，如起膝頂擊敵面門，充分利用抓髮優勢，殺傷力強烈。二可抓敵單臂或雙臂，控制其勁節，破壞其樁勢，奪取極其有利的戰機。

六、五鬼探頭

【實戰應用】：

1.敵我對峙。

2.我見機速進，用爪猛力抓擊敵面門（圖2-71）。

【要點解析】：

1.此招封殺敵雙眼，爪力所到，觸眼即傷，即使不傷，也

圖 2-71

可用此遮閉敵防線，連打必中。

2. 又可傷敵鼻子，爪掌罩蓋，大力所致，鼻骨易折。

3. 還可傷敵下頦，爪掌推頦，嘴巴極易脫臼，即使不脫，敵下頦受力，頸節後仰，椿步不穩，周身失勢，且眼不能下視，必被動挨打。

七、纏腕金絲

【實戰應用】：

1. 敵我對峙。

2. 我見機速進，用爪手猛力纏擰敵手腕（圖 2-72）。

【要點解析】：

1. 此招屬擒拿爪法，主在傷腕、控臂。向裡或向外纏敵手腕，可以使其腕筋、腕節傷痛失力，且可因此連控其一臂，牽制其周身，而獲取對敵有利戰勢，便於打擊。

2. 此招在擒拿中，是許多招法的先手，如先纏腕，然後再用掌向裡折腕；或在纏腕的同時，用另手前臂砸打敵肘節等。

3. 纏腕的幅度可大可小，小則利用指腕之力，挺降浮沉；大則肘、臂同動，用上臂勁與身力。

圖 2-72

八、蛇形刁手

【實戰應用】：

1. 敵我對峙。

2. 我見機速進，用爪刁抓敵手臂（圖 2-73）。

【要點解析】：

1. 刁擊敵手臂的中節、梢節等位，如手掌、手腕、肘節等。

圖 2-73

2. 蛇形刁手屬助攻手法，非常靈巧，在技擊中主要為其他連擊法創機創勢，起到暫時牽制、遲滯的作用，所以使用時，落點要準，目的要明確，速度要快。

3. 刁手落點較小，不重力量，所以不要與對手僵持較力，見機瞬進，一刁即打。

九、順手牽羊

【實戰應用】：

1. 敵我對峙。

2. 我見機速進，用爪猛力捋拉敵手臂（圖 2-74）。

【要點解析】：

1. 向前擒抓敵腕節後，繼續向我左側或右側牽拉，另手輔助同牽，輔勢增力。

2. 此招主要是在抓鎖敵方後，破壞對方的重心，動蕩對方的樁勢，擾亂對方的身形，為重創對方創造有利的戰機。

圖 2-74

3. 此招用在防守時，最有妙用，敵若重拳或重腿直來，我接招抓擒，順勢牽捋，既可破敵來勁，又可致其重心失衡，且借力使力，加大成功度，用好了立可使其跌趴。

第七節　步　法

「招出步不到，等於放空炮」。技擊之中，全靠步法調整距離，接近敵身，方能招出到位，發則能中。起步要快，慢則失機；落步要穩，浮則無力；動步要連，斷則有隙；用步要變，拘則挨打。

一、進步

1. 前腿進法

前腿進法，即指前腿先動，帶動後腿，也有稱之為滑步。前腿進法，速度較快，步幅較小，比較穩當。

【動作說明】：（以左勢為例）

（1）左開門勢預備。

（2）左腿快速啟動，貼地滑行，用腳跟或腳前掌擦著地面。也可稍離地面，但不可過高。

（3）滑行完畢，腳掌落下，同時右腳前掌或全腳掌擦地滑行，快速跟隨。

【要點解析】：

走動時，兩膝保持適度彎曲，不能伸直。前腳滑行，要平行速進，過低有礙速度；過高進椿不穩。後腿協動連貫，不要間斷停頓。

2. 後腿進法

後腿進法，指後腿先動，帶動身體，向前進勢。後腿進，步幅較大，進距較長，動形較多，協調性和穩固性較弱。

68

【動作說明】：（以左勢為例）

（1）左開門勢預備。

（2）右腿向前邁步，越過左腿，帶動身體向前進，進腿時提起膝節，全腿抬起。

（3）左腿繼續用步法越過右腿行進。

【要點解析】：

後腿進法，腰節同動，身向協變，要加強協調性。起步提膝要適宜，不要太高，過高則遲緩。步幅不要太長，過長則不穩，動蕩身形，不易發力。

3. 雙腿進法

雙腿進法，指雙腿同時啟動前行，即跳步。能提高速度，增加突然性。

【動作說明】：（以左勢為例）

（1）左開門勢預備。

（2）左腿、右腿同時屈膝蓄力，然後向上、向前跳進，超越原位，落至前方。

二、退　法

退法主要用在防守中，其要領同進法基本相同。

1. 後腿退法

【動作說明】：（以左勢為例）

（1）左開門勢預備。

（2）右腿快速啟動，向後收撤，貼地滑行，腳前掌或全腳掌擦附地面。

（3）滑行完成同時，左腿也隨即用腳前掌或全腳掌貼地滑行，快速跟隨。

如此即完成後腿退法。後腿退法過程中，身向不變，腰節順勢。

2. 前腿退法

【動作說明】：（以左勢為例）

（1）左開門勢預備。

（2）左腿快速向後收撤，越過右腿。一種從右腿膝後過，另一種從右腿膝前過，帶領身體向後退位。

左腿收撤時，膝節提起，腳掌離地，但不可太高，步距要適當。在運用時，根據需要調節身向和手勢。

3. 雙腿退法

【動作說明】：（以左勢為例）

（1）左開門勢預備。

（2）右腿、左腿同時屈膝，腳尖用力蹬地，然後向上、向後跳起，離開地面，帶領身體，躍越原位。

各種步法，在技擊中要根據戰距、戰勢，適時、適機地運用，並且不要拘泥於單法，要連環多變。

第八節　椿　勢

椿勢，就是步法的定勢，即步型。運用椿勢，可以轉換身向、改變戰距、調節重心、變動身形，有利於發力、換招和防護。

一、弓步椿勢

此椿勢大，雙腿大開，易於放長擊遠，進攻時常用。

分左勢右勢兩種。以左勢為例，左腿在前，適度屈膝，全腳掌著地，腳尖向前。右腿在後，膝節伸開，全腿蹬直（圖2-75）。

二、馬步椿勢

此勢屬中勢步型，比較穩固，攻擊時和防守時都能用到。分正勢、左側勢、右側勢三種。

正勢馬步，身形正向，兩腿適度彎曲，膝蓋同時向前，腿位高低相同（圖2-76）。

側勢馬步，以左側勢為例，身形左轉，兩腿適度彎曲，左腿

圖2-75

圖 2-76　　　　　　　　　　圖 2-77

在前，左膝蓋向前，左腳尖向前。右腿在後，右膝蓋向右，右腳尖向右（圖 2-77）。

三、虛步椿勢

虛步椿勢，椿勢較小，易於卸力和躲避，多在防守中出現。而攻擊時運用，最便利出前腿。分為左虛步和右虛步兩種。以左勢為例，兩腿膝節適度彎曲，左腿在前，左腳尖點地，腳跟抬起。由右腿支撐全身，重心後移，右腿在後，右腿全腳掌著地（圖 2-78）。

圖 2-78

四、跪步椿勢

此勢屬低勢椿步，比較穩固，身形下降。攻擊時利於向

圖 2-79　　　　　　　圖 2-80

下發力，可潛勢用手偷擊。防守時可縮小被擊面，躲避上擊。

　　分左勢和右勢兩種。以左勢為例，左腿在前，適度彎曲，全腳掌著地，腳尖向前。右腿在後，屈膝適度下降，腳跟抬起，腳尖著地，重心下沉（圖 2-79）。

五、仆步樁勢

　　此樁屬退防大勢，主要用於向後躲避。

　　分左勢和右勢兩種。以左勢為例，左腿在前，全腿伸直，向下仆地，腳尖向前。右腿在後，屈膝全蹲，重心全部後移，後腿全負體重，腳尖向右（圖 2-80）。

六、騎龍樁勢

　　此樁勢多出現在步法的變換中。一腿彎曲，另腿繞過此腿，雙膝交叉。分前騎龍和後騎龍兩種。

前騎龍，一腿從另腿膝前繞過，過腿腳掌著地，另腿腳尖點地，腳跟抬起（圖 2-81）。

後騎龍，一腿從另腿膝後繞過，過腿腳尖點地，腳跟抬起，另腿全腳掌著地。

第九節 防守法

防守法是技擊術的重要組成部分。只有有效地防守，才能有效地攻　擊，不能自保，何談傷敵。

圖 2-81

太祖拳主要有兩種防守法，一是招架法，另是躲避法，以招架法為主要。

第一部分 招架法

歌訣

> 上來用臂向上架，
> 下來用臂向下砸，
> 中來左右用排法，
> 招快勁大躲開它。

一、鐵臂架樑

【實戰應用】：

1.假設敵向我面門打來，如直拳、劈拳、踩踹、插掌、推掌等。

73

2.我則用前臂向上架格，破解來招（圖2-82）。

【要點解析】：

「鐵臂架樑」一般使用前手、前臂，離敵近，起手順，防護快，漏洞少，並且便利其他勁節的防後反擊。幅度不要太大，架超頭上即可，若敵招勢猛，可配合仰身或退步。

圖 2-82

二、鶴翅單展

【實戰應用】：

1.假設敵向我側耳打來，如勾拳、劈拳、掃腿、摑掌等。

2.我則用前臂向側上架格，破解來招（圖2-83）。

【要點解析】：

此招運用時，要用順步勢，並且使用

圖 2-83

前手、前臂。招架時以臂格擋，幅度要適當，同時要儘快實施反擊。

三、紅臉照鏡

【實戰應用】：

1.假設敵向我面門或咽喉打來，如直拳、插掌、推掌、鎖爪等。

2.我則用前臂向裡格擋，破解來招（圖2-84）。

圖 2-84

【要點解析】：

此招以橫破直，非常省勁，不用太大力量，即可將敵勁化解。

四、立馬橫棍

【實戰應用】：

1.假設敵向我心位打來。

2.我則用前手、前臂向下砸格，破解來招（圖2-85）。

【要點解析】：

砸格要準要快，同時可配合收腹探背，動作不可太過。一旦破解，可即攻敵上門。

圖 2-85

五、膀手混肘

【實戰應用】：

1. 假設敵向我咽或心或臉打來。

2. 我則用前臂向裡滾攔，破解來招（圖2-86）。

【要點解析】：

此招格擋時，膀臂滾動，前臂下垂，

圖2-86

非常順勢，靈活易變。既有向裡攔勁，又有向上架力，能夠消解猛烈勁力，並且可以隨位上下調節，來破解上、中、下三種高度的來招，用途極大。

六、下勢開肘

【實戰應用】：

1. 假設敵向我襠位或腹位打來。

2. 我則用前臂向下外攔格，破解來招（圖2-87）。

【要點解析】：

此招主防下擊，運用時要降低步樁，伸開手臂，以便招

圖2-87

架。可防手擊，也可防腿擊。一般向外使用，而向裡力小且
不太方便。

七、二郎擔山

【實戰應用】：

1. 假設敵雙手齊
出打我頭位。

2. 我則用雙手前
臂同時向上架攔，破
解來招（圖2-88）。

【要點解析】：

此招是特殊形勢
的防守法，專破敵雙

圖 2-88

手齊擊。假敵力大勢猛，招出突然，則不要勉強招架，宜用
躲閃法，安全而且省力。

八、指天畫地

【實戰應用】：

1. 假設敵上下同
時打來。

2. 我則用雙手前
臂上下阻擋（圖2-
89）。

【要點解析】：

此招對準確性要
求較高，同時面對上

圖 2-89

下齊擊，很難防範盡美，所以在使用時，要配合身、步的躲避，可避免失誤被擊。

九、反腕勾曲

【實戰應用】：

1. 假設敵用腿向我心腹踢來。

2. 我則用勾手向外勾掛其腳腕（圖2-90）。

圖2-90

【要點解析】：

勾手時，前臂同時貼擋，外阻其勁。勾手勾之，不使其落地，懸空其踢腿，乘其單腿站立不穩時，急反擊之。若防腿踢襠，上身要降低，為適應戰位，應使用前手，用順步勢。

十、小龍擺尾

【實戰應用】：

1. 假設敵用腿向我掃來。

2 我則用小腿向外格擋（圖2-91）。

【要點解析】：

此招腿防腿，非常多用。用力不可過猛，

圖2-91

向外運腿幅度不可過大，防止引起樁步不穩。只要提起膝節，即能封閉下盤，起到一定的格擋作用。一旦防住，應立即攻擊，其未變招，有打必中。

圖 2-92

十一、小丫踢毽

【實戰應用】：

1. 假設敵用腿向我下陰踢來。

2. 我則用小腿向裡格擋（圖 2-92）。

【要點解析】：

此招向裡格擋，動形較小，易於操縱。腿防腿後反擊招法，多用單腿連擊，順勢伸開膝節，放腿彈擊或踩蹬，快速高效。

十二、短杖頂門

【實戰應用】：

1. 假設敵起膝向我襠、腹位正頂而來。

2. 我則同時起膝，以膝頭頂其膝下，阻擋之（圖 2-93）。

【要點解析】：

此法以硬對硬，講究功勁，起膝要有力，要快要準，樁步要站穩。雙手協動，護住上門，可用爪抓或掌按其手臂位，防其上手連攻，並可以穩定重心。

圖 2-93

十三、老僧封門

【實戰應用】：

1. 假設敵出手向我上門打來。

2. 我則用前手開掌向前、向其手節阻攔，截其來勁於半途（圖 2-94）。

【要點解析】：

此法要求時機要掌握好，在於敵手初起，勁力未發之時，易於截攔。也可在對

圖 2-94

峙時，起掌前封，封閉門戶，根本不讓其有空可鑽。臂節根據攻擊距離和技擊目的，可伸開可彎曲。後手提至前臉側位，暗防不測。

圖 2-95

十四、單棍頂門

【實戰應用】：

1. 敵起腿正欲向我踢來。

2. 我急出腿向前移腳掌阻攔其腿上，不讓其踢開（圖 2-95）。

【要點解析】：

此法要點在於敵踢腿初起，後發先至，以腿阻之，連帶傷其膝節或腿骨。若其踢開，則費力難擋。阻擋時以敵梢節為主，或腳面或小腿或膝節。一般用前腿，方便易用，用後腿速度稍慢，但比較有力。

十五、遮天蔽地

【實戰應用】：

1. 敵起腿或手欲向我打來時。

2.我急伸出前掌，用掌心向前阻攔其上，伸出前腿用腳掌阻攔其下，攔截其勁而難出（圖2-96）。

【要點解析】：

也可直接使用此勢，在敵未動之時，對敵實施上下封閉。而且此勢也便利我進步或起踢，阻腿或單阻敵手時也可用，暗阻上而實阻下。

圖 2-96

十六、剪手斷臂

【實戰應用】：

1.假設敵用手直勁打擊我心窩位時。

2.我則雙掌同時向裡削擊，以剪傷其臂節（圖2-97）。

【要點解析】：

此法以守為攻，防中有打，傷其臂節。假設我以左開門

圖 2-97

勢對敵，必剪傷其右手肘節，且以左掌在前對準其臂節，以肘節為佳，後手在後削剪腕位相對合力。用時上身稍避讓，以前手用力為主，腰向左擰發力。即使不傷，也可使其手臂向側削去，無法傷我，並且通過遲滯敵動後，順勢加以反擊。

十七、寶刀削竹

【實戰應用】：

1.假設敵向我打來。

2.我則用掌法向上削、向下削、向外削、向裡削敵臂節或腿節，迫使其來勁走偏（圖2-98）。

【要點解析】：

此法與招架連帶使用，掌削時也帶有

圖2-98

前臂招架，前臂格擋時手型為掌，同時起到削力作用。其實在實戰時是密不可分的。

十八、開路劈荊

【實戰應用】：

1.假設敵用手或腳直勁向我打來。

2.我則用掌法向下劈其臂節或腿節，使來勁向下錯位，勁節走歪（圖2-99）。

【要點解析】：

一般防敵手擊，以劈臂為主，而防腿也以防高腿為主，而低腿用劈，身形要降勢，速度慢，上門易遭連擊。再者腿擊有力，用單掌劈之，只能稍作遲滯，恐難抵擋，不如用其他技法。

圖 2-99

84

十九、天王托塔

【實戰應用】：

1. 假設敵用直腿向我踢來。直腿即蹬、踹等直向伸縮腿。

2. 我則用掌法向上托之，破開來勁，並將其控懸在空（圖2-100）。

圖 2-100

圖 2-101

【要點解析】：

此法主要防腿，向上起托，可在破解的同時，破壞其重心，使其站立不穩，而利於反擊。上托幅度大者，可直接致敵仰跌。也可托其臂節以防手擊。

二十、太祖拍案

【實戰應用】：

1. 假設敵用手或腿直勁向我打來。

2. 我則用掌法向下拍擊敵臂節或腿節，破開來勁（圖 2-101）。

【要點解析】：

此法用掌法下拍，控制面較大，易於捕捉來節，使保護能力提高。用時以防手擊拍臂為主，防腿時也要以橫破直，不能硬碰硬抗，一恐手傷，二恐難擋，反而讓敵突破。

第二部分　躲避法

歌訣

> 敵人力大不用怕，
> 用上躲避別招架。
> 前躬後仰側身搖，
> 大步退走再想法。

一、靈蛇屈腰

【實戰應用】：

1.假設敵向我心位打來。

2.我則向下彎腰傾身，躲避來勁（圖2-102）。

【要點解析】：

躲避法不用招架，僅僅利用身法的變動讓位，使其巨勁

圖 2-102

無從著力，失去目標，非常安全。

尤其對付強敵，我招架不住，不以力敵，即以躲避法應之，然後乘隙加以反擊，極為奏效。

二、勒馬觀瞧

【實戰應用】：

1.假設敵向我面門打來。

2.我頭節後仰，躲避來勁（圖2-103）。

【要點解析】：

頭節躲避時，動形不要太大，躲開即可，同時及時乘機反擊，以打下為宜。動頭時，眼光依然要保持對敵的前視監察，不可失銳。

圖2-103

三、猿猴束身

【實戰應用】：

1.假設敵向我頭位打來。

2.我則雙腿下蹲，降低椿形，身向下低，腰向下彎，躲避來勁（圖2-104）。

【要點解析】：

此法主防高位猛勁，束身避勢，藏體縮位。因勢架變低變小，不易再變，躲開同時即要快速反擊，不得延誤，敵若逼緊，手腳束縛，必致被動。反擊法以手擊為宜，迅打其下。

圖2-104

四、鷂子翻身

【實戰應用】：

1.假設敵向我頭位打來。

2.我則急向裡側轉身形，躲開來勁（圖2-105）。

【要點解析】：

此法為太祖拳常

圖2-105

用，向裡側身，順勢易變，對周身勁節蓄勁狀態影響不大，利於多種反擊發力。也非常安全，諸多要害，皆在側後，全部封閉，雙手協動，眼睛前視，保持監察。側身幅度，根據敵來勁和出招長短及緊逼程度而定。

五、伏虎聽風

【實戰應用】：

1.假設敵向我中、上盤同時打來，勢猛勁烈。

2.我則重心急後移，樁步下沉，上身後趨，躲避來招（圖2-106）。

圖2-106

【要點解析】：

此法專避猛進快招，不易招架，緊急後避，上下同動，幅度較大。雙手提起，暗防暗護。敵勁一落空，我即應乘隙快速反擊，不待其連變。眼睛要看準，掌握好躲避和反擊的時機。

圖 2-107

89

六、白鶴亮翅

【實戰應用】：

1.假設敵向我心位打來。

2.我則上身後移，含胸拔背，雙臂左右分開，躲避來勁（圖 2-107）。

【要點解析】：

若敵勢大者，我可以步配合，增大躲避力度。此法動作時，中路大開，躲開後即時加以應勢反擊，不得讓敵緊逼。故此法只在緊急時，權宜之用。門戶大開，乃技擊之大忌。

七、仙鶴獨立

【實戰應用】：

1.假設敵向我腿位低踢而來。

2.我則提起被攻之腿，使敵腿踢空（圖 2-108）。

【要點解析】：

此法專避低形腿擊，避開後，應即加以腿擊，順勢展腿，快捷難防。可用彈腿正向彈襠，或用蹬腳正踩敵膝，或用踹腿踩敵膝或敵身，惟發踹腿要擰腰轉身。

圖 2-108

八、佛祖飛升

【實戰應用】：

1.假設敵用腿向我下盤掃來。

2.我則雙腿向上跳起，躲開來勁（圖 2-109）。

【要點解析】：

此招專避下盤掃蹬腿，跳時要快速要適時，不要太早，太早無用，不要太遲，太遲必被擊。跳起後，可以順勢在空中起腿踩敵頭部，技擊意識要強，攻防要一氣呵成。

圖 2-109

圖2-110

九、退讓一步

【實戰應用】：

1.假設敵以猛勁上下緊逼而來。

2.我則以步法後退或側閃一步，避開鋒芒（圖2-110）。

【要點解析】：

此法運用步法，向後躲避，退位較大，非常安全，容易掌握。但距離拉長，復歸對峙之勢，不利於快速反擊。

十、一走了之

【實戰應用】：

1.假設敵以快捷之勁，凶猛之勢，向我撲來。

2.我則以連環步法，極大幅度地退步或閃步避開，或者跑開（圖2-111）。

圖 2–111

【要點解析】：

此法主要對付強大敵人，其功力深厚，勁猛招疾，無法接架相還，即以步法連動，不與之接手，不讓其著力，以逸待勞，空費其巨勁，消耗其體力，伺其猛去勢盡，再見機乘隙圖之。運用此法，步法要快而穩，架勢不得散亂，精神要集中，心情要鎮定，耐心與其周旋，敵終有漏洞。

單勢攻防法，既是太祖拳技擊的根基，又是太祖拳技擊的精髓，一切絕招皆由此連環變化而來。單勢用法爐火純青時，所有技擊術都能迎刃而解。

第三章

太祖拳技擊連環法

任何人也不可能一擊必中，任何人也不可能一中必殺，這就需要招法的連環。連環法不是單純和隨便的招法連環，其中包含明確的目的、得勢的勁力、恰當的戰術等要素。

第一節　剛猛法

93

太祖拳宗法剛猛，注重進攻。剛猛法即是抓住機會，利用重拳重腿，連續出擊，給敵方以毀滅性的打擊。

一、頭炮連珠

1.敵我對峙。以我左開門勢迎敵為例，下招皆同（圖3-1）。

2.我見機速進，先用炮打龍頭，發左

圖 3-1

圖 3-2　　　　　　　　圖 3-3

拳沖打敵頭部（圖 3-2）。

　　3.跟蹤追擊，再用炮打龍頭，發右拳沖打敵頭部（圖 3-3）。

二、轟天炸地

　　1.敵我對峙。

　　2.我見機速進，先用炮打龍頭，發左拳沖打敵頭部（圖 3-4）。

　　3.跟蹤追擊，再用黑狗沖襠，發右拳沖打敵陰部（圖 3-5）。

圖 3-4

三、炮面貫耳

　　1.敵我對峙。

圖 3-5

圖 3-6　　　　　　　　圖 3-7

　　2. 我見機速進，先用炮打龍頭，發左拳沖打敵臉部（圖 3-6）。

　　3. 跟蹤追擊，再用單鋒貫耳，發右拳貫打敵耳部（圖 3-7）。

圖 3-8 　　　　　　　　圖 3-9

四、沖臉掏心

1.敵我對峙。

2.我見機速進，先用炮打龍頭，發左拳沖打敵臉部（圖 3-8）。

3.跟蹤追擊，再用黑虎掏心，發右拳掏打敵心部（圖 3-9）。

五、炸峰開山

圖 3-10

1.敵我對峙。

2.我見機速進，先用炮打龍頭，發左拳沖打敵臉部（圖 3-10）。

圖 3-11　　　　　　　　圖 3-12

3. 跟蹤追擊，再用劈頭蓋臉，發右拳打敵臉部（圖 3-11）。

97

六、左右開弓

1. 敵我對峙。

2. 我見機速進，先用單鋒貫耳，發左拳貫打敵耳部（圖 3-12）。

3. 跟蹤追擊，再用單鋒貫耳，發右拳貫打敵耳部（圖 3-13）。

七、貫耳連炮

1. 敵我對峙。

2. 我見機速進，先用

圖 3-13

圖 3-14　　　　　　　　　　圖 3-15

單鋒貫耳，發左拳貫打敵耳部（圖 3-14）。

　　3. 跟蹤追擊，再用炮打龍頭，發右拳沖打敵臉部（圖 3-15）。

八、貫上掏下

　　1. 敵我對峙。

　　2. 我見機速進，先用單鋒貫耳，發左拳貫打敵耳部（圖 3-16）。

　　3. 跟蹤追擊，再用勾魂破陰，發右拳掏打敵陰部（圖 3-17）。

九、貫耳裂門

　　1. 敵我對峙。

圖 3-16

圖 3-17　　　　　　　　圖 3-18

2.我見機速進，先用單鋒貫耳，發左拳貫打敵耳部（圖 3-18）。

3.跟蹤追擊，再用劈頭蓋臉，發右拳蓋打敵臉部（圖 3-19）。

十、連錘蓋頂

1.敵我對峙。

2.我見機速進，先用油錘貫頂，發左拳蓋打敵臉部（圖 3-20）。

圖 3-19

3.跟蹤追擊，再用劈頭蓋臉，發右拳蓋打敵臉部（圖 3-21）。

圖 3-20 　　　　　　　　圖 3-21

十一、開山掏土

1.敵我對峙。

2.我見機速進，先用劈頭蓋臉，發左拳蓋打敵臉部（圖 3-22）。

3.跟蹤追擊，再用黑虎掏心，發右拳掏打敵心部（圖 3-23）。

十二、蓋臉貫耳

1.敵我對峙。

2.我見機速進，先劈頭蓋臉，發左拳蓋打敵臉部（圖 3-24）。

3.跟蹤追擊，再用單鋒貫耳，發右拳貫打敵耳部（圖 3-25）。

圖 3-22　　　　　　　　　圖 3-23

圖 3-24　　　　　　　　　圖 3-25

十三、劈炮連環

1. 敵我對峙。

2. 我見機速進，先油錘貫頂，發左拳蓋打敵臉部（圖

圖 3-26   圖 3-27

3-26）。

3.跟蹤追擊，再用炮打龍頭，發右拳沖打敵臉部（圖
3-27）。

十四、掏拳連環

1.敵我對峙。

2.我見機速進，先用勾魂破陰，發左拳掏打敵陰部（圖
3-28）。

3.跟蹤追擊，再用黑虎掏心，發右拳掏打敵心部（圖
3-29）。

十五、掏陰射陽

1.敵我對峙。

2.我見機速進，先用勾魂破陰，發左拳掏打敵襠部（圖
3-30）。

圖 3-28　　　　　　　　圖 3-29

圖 3-30　　　　　　　　圖 3-31

3. 跟蹤追擊，再用炮打龍頭，發右拳沖打敵頭部（圖 3-31）。

圖 3-32   圖 3-33

十六、掏心劈面

1. 敵我對峙。

2. 我見機速進，先用黑虎掏心，發左拳掏打敵心部（圖3-32）。

3. 跟蹤追擊，再用劈頭蓋臉，發右拳蓋打敵臉部（圖3-33）。

圖 3-34

十七、掏下貫上

1. 敵我對峙。

2. 我見機速進，先用勾魂破陰，發左拳掏打敵陰部（圖3-34）。

3. 跟蹤追擊，再用單鋒貫耳，發右拳貫打敵耳部（圖

圖 3-35　　　　　　　　　圖 3-36

3-35）。

十八、踢襠連環

1. 敵我對峙。

2. 我見機速進，先用浪子踢球，出左腿彈踢敵襠部（圖 3-36）。

3. 跟蹤追擊，再用浪子踢球，出右腿彈踢敵襠部（圖 3-37）。

圖 3-37

十九、彈襠穿心

1. 敵我對峙。

2. 我見機速進，先用浪子踢球，出左腿彈踢敵襠部（圖 3-38）。

圖 3-38　　　　　　　　　圖 3-39

3.跟蹤追擊，再用毒彈穿心，出右腿彈踢敵心部（圖3-39）。

二十、襠脛連彈

1.敵我對峙。

2.我見機速進，先用浪子踢球，出左腿彈踢敵襠部（圖3-40）。

3.跟蹤追擊，再用水蛇伸頭，出右腿彈踢敵脛部（圖3-41）。

二十一、連彈翻飛

1.敵我對峙。

2.我見機速進，先用浪子踢球，出左腿彈踢敵襠部（圖3-42）。

3.跟蹤追擊，再用小蛇擺尾，出右腿彈踢敵心部（圖

圖 3-40　　　　　　　　圖 3-41

107

圖 3-42　　　　　　　　圖 3-43

3-43）。

二十二、彈陰蹬心

1. 敵我對峙。

2. 我見機速進，先用浪子踢球，出左腿彈踢敵襠部（圖

圖 3-44　　　　　　　圖 3-45

3-44）。

　3.跟蹤追擊，再用火磚
窩心，出右腿蹬踢敵心部
（圖 3-45）。

二十三、彈襠連踹

　1.敵我對峙。

　2.我見機速進，先用浪
子踢球，出左腿彈踢敵襠部
（圖 3-46）。

圖 3-46

　3.跟蹤追擊，再用斜踹
山門，出右腿彈踹敵中部（圖 3-47）。

二十四、彈陰連掃

　1.敵我對峙。

圖 3-47

圖 3-48

2. 我見機速進，先用浪子踢球，出左腿彈踢敵襠部（圖 3-48）。

3. 跟蹤追擊，再用橫掃千鈞，出右腿掃踢敵要部（圖 3-49）。

圖 3-49

二十五、穿心連環

1. 敵我對峙。

2. 我見機速進,先用毒彈穿心,出左腿彈踢敵心部(圖
3-50)。

3. 跟蹤追擊,再用毒彈穿心,出右腿彈踢敵心部(圖
3-51)。

二十六、穿心連掃

1. 敵我對峙。

2. 我見機速進,先用毒彈穿心,出左腿彈踢敵心部(圖
3-52)。

3. 跟蹤追擊,再用橫掃千鈞,出右腿掃踢敵要部(圖
3-53)。

圖 3-50　　　　　　　圖 5-51

圖 3-52　　　　　　　圖 3-53

111

二十七、穿心連踹

1. 敵我對峙。

2. 我見機速進，先用毒彈穿心，出左腿彈踢敵心部（圖

圖 3-54

圖 3-55

3-54）。

　　3.跟蹤追擊，再用斜踹山門，出右腿踹踢敵要部（圖
3-55）。

圖 3-56　　　　　　　圖 3-57

二十八、穿心窩心

1.敵我對峙。

2.我見機速進，先用毒彈穿心，出左腿彈踢敵心部（圖 3-56）。

3.跟蹤追擊，再用火磚窩心，出右腿蹬踢敵心部（圖 3-57）。

二十九、踏膝連環

圖 3-58

1.敵我對峙。

2.我見機速進，先用揚蹄踏膝，出左腿蹬踢敵膝部（圖 3-58）。

3.跟蹤追擊，再用揚蹄踏膝，出右腿蹬踢敵膝部（圖

圖 3-59　　　　　　　　圖 3-60

3-59）。

三十、踏膝連蹬

1.敵我對峙。

2.我見機速進，先用揚蹄踏膝，出左腿蹬踢敵膝部（圖
3-60）。

3.跟蹤追擊，再用大聖蹬爐，出右腿蹬踢敵要部（圖
3-61）。

三十一、踏膝連掃

1.敵我對峙。

2.我見機速進，先用揚蹄踏膝，出左腿蹬踢敵膝部（圖
3-62）。

3.跟蹤追擊，再用橫掃千鈞，出右腿掃踢敵要部（圖
3-63）。

圖 3-61　　　　　　　　圖 3-62

圖 3-63　　　　　　　　圖 3-64

三十二、踏膝連踹

1. 敵我對峙。

2. 我見機速進，先用揚蹄踏膝，出左腿蹬踢敵膝部（圖 3-64）。

圖 3-65

3. 跟蹤追擊，再用斜踹山門，出右腿踹踢敵要部（圖 3-65）。

三十三、窩心連環

1. 敵我對峙。

2. 我見機速進，先用火磚窩心，出左腿蹬踢敵心部（圖 3-66）。

3. 跟蹤追擊，再用火磚窩心，出右腿蹬踢敵心部（圖 3-67）。

三十四、窩心穿心

1. 敵我對峙。

2. 我見機速進，先用火磚窩心，出左腿蹬踢敵心部（圖 3-68）。

3. 跟蹤追擊，再用毒彈穿心，出右腿彈踢敵心部（圖

圖 3-66　　　　　　　圖 3-67

圖 3-68　　　　　　　圖 3-69

3-69）。

三十五、窩心連掃

1. 敵我對峙。

2. 我見機速進，先用火磚窩心，出左腿蹬踢敵心部（圖

圖 3-70　　　　　　　　圖 3-71

3-70）。

3. 跟蹤追擊，再用橫掃千鈞，出右腿掃踢敵要部（圖 3-71）。

三十六、窩心連踹

1. 敵我對峙。

2. 我見機速進，先用火磚窩心，出左腿蹬踢敵心部（圖 3-72）。

3. 跟蹤追擊，再用斜踹山門，出右腿踹踢敵要部（圖 3-73）。

圖 3-72

圖 3-73

圖 3-74

119

三十七、斜踹連環

1. 敵我對峙。

2. 我見機速進，先用斜踹山門，出左腿踹踢敵要部（圖 3-74）。

圖 3-75

3. 跟蹤追擊，再用斜踹山門，出右腿踹踢敵要部（圖 3-75）。

三十八、踹腿連掃

1. 敵我對峙。

2. 我見機速進，先用斜踹山門，出左腿踹踢敵要部（圖 3-76）。

3. 跟蹤追擊，再用橫掃千鈞，出右腿掃踢敵要部（圖 3-77）。

三十九、分膝蹬心

1. 敵我對峙。

2. 我見機速進，先用裙腿分膝，出左腿踹踢敵要部（圖 3-78）。

3. 跟蹤追擊，再用火磚窩心，出右腿蹬踢敵心部（圖

圖 3-76　　　　　　　　圖 3-77

圖 3-78　　　　　　　　圖 3-79

3-79）。

四十、踹心穿心

1.敵我對峙。

2.我見機速進，先用斜踹山門，出左腿踹踢敵心部（圖

圖 3-80　　　　　　　　　圖 3-81

3-80）。

3. 跟蹤追擊，再用毒彈穿心，出右腿彈踢敵心部（圖 3-81）。

四十一、前後連掃

1. 敵我對峙。

2. 我見機速進，先用橫掃千鈞，出左腿掃踢敵要部（圖 3-82）。

3. 跟蹤追擊，再用大龍擺尾，出右腿掃踢敵要部（圖 3-83）。

圖 3-82

圖 3-83

123

圖 3-84

四十二、橫掃連踹

1. 敵我對峙。

2. 我見機速進，先用橫掃千鈞，出左腿掃踢敵要部（圖 3-84）。

圖 3-85

3. 跟蹤追擊，再用斜踹山門，出右腿踹踢敵要部（圖 3-85）。

四十三、水蛇吐芯

1. 敵我對峙。

2. 我見機速進，先用水蛇伸頭，出左腿彈踢敵脛部（圖 3-86）。

3. 跟蹤追擊，再用水蛇伸頭，出右腿彈踢敵脛部（圖 3-87）。

四十四、龍蛇擺尾

1. 敵我對峙。

2. 我見機速進，先用小蛇擺尾，出左腿彈踢敵要部（圖 3-88）。

3. 跟蹤追擊，再用大龍擺尾，出右腿掃踢敵要部（圖

圖 3-86　　　　　　　　　圖 3-87

圖 3-88　　　　　　　　　圖 3-89

3-89）。

四十五、鐵腿連飛

1.敵我對峙。

2.我見機速進，先用飛龍舔舌，飛腿彈踢敵要部（圖

圖 3-90　　　　　　圖 3-91

3-90）。

3. 跟蹤追擊，再用天狗撒尿，飛腿踹踢敵要部（圖3-91）。

四十六、沖拳蹬腿

1. 敵我對峙。

2. 我見機速進，先發拳沖打敵要部（圖3-92）。

太祖拳沖拳有炮打龍頭、火箭穿心、黑狗沖襠和破腸瀉肚四大招勢，皆可運用。

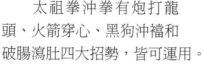

圖 3-92

3. 跟蹤追擊，出腿蹬踢敵要部（圖3-93）。

太祖拳蹬腿有大聖蹬爐和揚蹄踏膝兩大招勢，皆可運

圖 3-93　　　　　　　　圖 3-94

用。

　　一般拳腿連環，拳法先出，宜打敵上，腿法連出，宜打敵下，易發易用。

四十七、沖拳掃腿

　　1. 敵我對峙。

　　2. 我見機速進，先發拳沖打敵要部（圖 3-94）。

　　3. 跟蹤追擊，出腿掃踢敵要部（圖 3-95）。

　　太祖拳掃腿有橫掃千鈞、大龍擺尾、臥虎掃蹚和枯樹盤根

圖 3-95

圖 3-96 圖 3-97

四大招勢，皆可運用。

四十八、沖拳踹腿

1. 敵我對峙。

2. 我見機速進，先發拳沖打敵要部（圖3-96）。

3. 跟蹤追擊，出腿踹踢敵要部（圖3-97）。

太祖拳踹腿有裙腿分膝和斜踹山門兩大招勢，皆可運用。

圖 3-98

四十九、沖拳彈腿

1. 敵我對峙。

2. 我見機速進，先發拳沖打敵要部（圖3-98）。

圖 3-99　　　　　　　　　圖 3-100

3. 跟蹤追擊，出腿彈踢敵要部（圖3-99）。

太祖拳彈腿有浪子踢球、毒彈穿心、水蛇伸頭和小蛇擺尾四大招勢，皆可運用。

五十、貫拳掃腿

1. 敵我對峙。

2. 我見機速進，先發拳貫打敵要部（圖3-100）。

圖 3-101

太祖拳貫拳有單鋒貫耳和雙鋒貫耳兩大招勢，皆可運用。

3. 跟蹤追擊，出腿掃踢敵要部（圖3-101）。

圖 3-102　　　　　　　　圖 3-103

五十一、貫拳踹腿

1. 敵我對峙。

2. 我見機速進，先發拳
貫打敵要部（圖 3-102）。

3. 跟蹤追擊，出腿踹踢
敵要部（圖 3-103）。

五十二、貫拳彈腿

1. 敵我對峙。

2. 我見機速進，先發拳
貫打敵要部（圖 3-104）。

圖 3-104

3. 跟蹤追擊，出腿彈踢敵要部（圖 3-105）。

圖 3-105

圖 3-106　　　　　　　圖 3-107

五十三、貫拳蹬腿

1. 敵我對峙。

2. 我見機速進，先發拳貫打敵要部（圖 3-106）。

3. 跟蹤追擊，出腿蹬踢敵要部（圖 3-107）。

圖 3-108　　　　　　　　圖 3-109

五十四、蹬腿沖拳

1. 敵我對峙。
2. 我見機速進，先出腿蹬踢敵要部（圖 3-108）。
3. 跟蹤追擊，發拳沖打敵要部（圖 3-109）。

五十五、掃腿沖拳

1. 敵我對峙。
2. 我見機速進，先出腿掃踢敵要部（圖 3-110）。
3. 跟蹤追擊，發拳沖打敵要部（圖 3-111）。

五十六、踹腿沖拳

1. 敵我對峙。
2. 我見機速進，出腿踹踢敵要部（圖 3-112）。
3. 跟蹤追擊，發拳沖打敵要部（圖 3-113）。

圖 3-110　　　　　　圖 3-111

圖 3-112　　　　　　圖 3-113

五十七、彈腿沖拳

1. 敵我對峙。
2. 我見機速進，先出腿彈踢敵要部（圖 3-114）。

圖 3–114　　　　　　　　圖 3–115

圖 3–116　　　　　　　　圖 3–117

3. 跟蹤追擊，發拳沖打敵要部（圖 3–115）。

五十八、掃腿貫拳

1. 敵我對峙。

圖 3-118　　　　　　　　　　圖 3-119

2. 我見機速進，先出腿掃踢敵要部（圖 3-116）。

3. 跟蹤追擊，發拳貫打敵要部（圖 3-117）。

五十九、踹腿貫拳

1. 敵我對峙。

2. 我見機速進，先出腿踹踢敵要部（圖 3-118）。

3. 跟蹤追擊，發拳貫打敵要部（圖 3-119）。

六十、彈腿貫拳

1. 敵我對峙。

2. 我見機速進，先出腿彈踢敵要部（圖 3-120）。

圖 3-120

135

圖 3-121　　　　　　　　　　圖 3-122

3.跟蹤追擊，發拳貫打敵要部（圖 3-121）。

六十一、蹬腿貫拳

1.敵我對峙。

2.我見機速進，先出腿蹬踢敵要部（圖 3-122）。

3.跟蹤追擊，發拳貫打敵要部（圖 3-123）。

六十二、飛腿連拳

1.敵我對峙。

2.我見機速進，先出飛腿踢擊敵要部（圖 3-124）。

太祖拳飛腿有飛龍舔舌、二起飛彈、南天蹬門和天狗撒尿四大招勢，皆可運用。

3.跟蹤追擊，發拳打擊敵要部（圖 3-125）。

飛腿後，一般使用沖拳，便於操縱。

圖 3-123　　　　　　圖 3-124

圖 3-125　　　　　　圖 3-126

六十三、架樑掏心

1. 敵我對峙。

2. 敵先用手打我上部，我急用左鐵臂架樑，破開來招（圖 3-126）。

圖 3-127　　　　　　　　　圖 3-128

3.快速反擊，再用黑虎掏心，發右拳掏打敵心部（圖3-127）。

六十四、架臂勾陰

1.敵我對峙。

2.敵先用手打我上部，我急用左鐵臂架樑，破開來招（圖3-128）。

3.快速反擊，再用勾魂破陰，發右拳掏打敵陰部（圖3-129）。

六十五、開架開肋

1.敵我對峙。

2.敵先用手打我上部，

圖 3-129

圖 3-130　　　　　　　　　　圖 3-131

我急用左鐵臂架樑，破開來招（圖 3-130）。

　　3.快速反擊，再用鐵錘開肋，發右拳掏打敵肋部（圖 3-131）。

六十六、架挑沖心

　　1.敵我對峙。

　　2.敵先用手打我上部，我急用左鐵臂架樑，破開來招（圖 3-132）。

　　3.快速反擊，再用火箭穿心，發右拳沖打敵心部（圖 3-133）。

圖 3-132

圖 3-133　　　　　　　圖 3-134

六十七、架上瀉下

1. 敵我對峙。

2. 敵先用手打我上部，我急用左鐵臂架樑，破開來招（圖 3-134）。

3. 快速反擊，再用破腸瀉肚，發右拳沖打敵腹部（圖 3-135）。

圖 3-135

六十八、架樑分膝

1. 敵我對峙。

2. 敵先用手打我上部，我急用左鐵臂架樑，破開來招

圖 3-136

141

圖 3-137

（圖 3-136）。

3.快速反擊，再用裙腿分膝，出左腿踹踢敵膝部（圖3-137）。

圖 3-138

六十九、高架高踹

1. 敵我對峙。

2. 敵先用手打我上部，我急用左鐵臂架樑，破開來招（圖 3-138）。

3. 快速反擊，再用斜踹山門，出左腿踹踢敵要部（圖 3-139）。

七十、正架反彈

1. 敵我對峙。

2. 敵先用手打我上部，我急用左鐵臂架樑，破開來招（圖 3-140）。

3. 快速反擊，再用小蛇擺尾，出右腿彈踢敵要部（圖 3-141）。

圖 3-139　　　　　　　圖 3-140

143

圖 3-141

七十一、起架踏膝

1.敵我對峙。

2.敵先用手打我上部，我急用左鐵臂架樑，破開來招

圖 3-142　　　　　　　　圖 3-143

（圖 3-142）。

　　3. 快速反擊，再用揚蹄踏膝，出左腿蹬踢敵膝部（圖 3-143）。

七十二、架手點脛

　　1. 敵我對峙。

　　2. 敵先用手打我上部，我急用左鐵臂架樑，破開來招（圖 3-144）。

　　3. 快速反擊，再用水蛇伸頭，出左腿彈踢敵脛部（圖 3-145）。

圖 3-144

圖 3-145　　　　　　　　圖 3-146

七十三、展挑沖頭

1.敵我對峙。

2.敵先用手打我上部，我急用左鶴翅單展，破開來招（圖3-146）。

3.快速反擊，再用炮打龍頭，發右拳沖打敵臉部（圖3-147）。

圖 3-147

七十四、展肘劈拳

1.敵我對峙。

2.敵先用手打我上部，我急用左鶴翅單展，破開來招（圖3-148）。

圖 3–148   圖 3–149

3.快速反擊，再用劈頭蓋臉，發右拳沖打敵臉部（圖3–149）。

七十五、展架掃腿

1.敵我對峙。

2.敵先用手打我上部，我急用左鶴翅單展，破開來招（圖3–150）。

圖 3–150

3.快速反擊，再用橫掃千鈞，發右腿掃踢敵要部（圖3–151）。

七十六、單展擺彈

1.敵我對峙。

圖 3–151　　　　　　　圖 3–152

圖 3–153

　　2.敵先用手打我上部，我急用左鶴翅單展，破開來招（圖 3–152）。

　　3.快速反擊，再用小蛇擺尾，出右腿彈踢敵要部（圖 3–153）。

圖 3–154　　　　　　　　　圖 3–155

七十七、展翅勾踢

1.敵我對峙。

2.敵先用手打我上部，我急用左鶴翅單展，破開來招（圖 3–154）。

3.快速反擊，再用枯樹盤根，出右腿勾踢敵腿部（圖 3–155）。

七十八、照手炮頭

1.敵我對峙。

2.敵先用手打我上部，我急用左紅臉照鏡，破開來招（圖 3–156）。

3.快速反擊，再用炮打龍頭，發右拳沖打敵臉部（圖 3–157）。

圖 3-156

149

圖 3-157

七十九、照鏡蓋臉

1. 敵我對峙。
2. 敵先用手打我上部，我急用左紅臉照鏡，破開來招

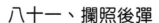

圖 3-158　　　　　　　　圖 3-159

（圖 3-158）。

3.快速反擊，再用劈頭蓋臉，發右拳蓋打敵臉部（圖 3-159）。

八十、照攔前踹

1.敵我對峙。

2.敵先用手打我上部，我急用左紅臉照鏡，破開來招（圖 3-160）。

圖 3-160

3.快速反擊，再用斜踹山門，出左腿踹踢敵要部（圖 3-161）。

八十一、攔照後彈

1.敵我對峙。

圖 3-161

圖 3-162

2.敵先用手打我上部，我急用左紅臉照鏡，破開來招
（圖 3-162）。

3.快速反擊，再用浪子踢球，出右腿彈踢敵陰部（圖
3-163）。

圖 3-163

圖 3-164

八十二、砸臂貫耳

1.敵我對峙。

2.敵先用手打我中部，我急用左立馬橫棍，破開來招（圖 3-164）。

圖 3-165

3.快速反擊，再用單鋒貫耳，發右拳貫打敵雙耳部（圖 3-165）。

八十三、壓臂轟門

1.敵我對峙。

2.敵先用手打我中部，我急用左立馬橫棍，破開來招（圖 3-166）。

3. 快速反擊，再用炮打龍頭，發右拳沖打敵臉部（圖 3-167）。

圖 3-166

圖 3-167

圖 3-168

八十四、膀手頭炮

1.敵我對峙。

2.敵先打我中部，我急用左膀手滾肘，破開來招（圖 3-168）。

圖 3-169　　　　　　　圖 3-170

3. 快速反擊，再用炮打龍頭，發右拳沖打敵臉（圖 3-169）。

八十五、滾手分膝

1. 敵我對峙。

2. 敵先打我中部，我急用左膀手滾肘，破開來招（圖 3-170）。

3. 快速反擊，再用裙腿分膝，出左腿踹踢敵膝部（圖 3-171）。

圖 3-171

圖 3-172　　　　　　　　　　圖 3-173

八十六、肘滾彈踢

1. 敵我對峙。

2. 敵先打我中部，我急用左膀手滾肘，破開來招（圖 3-172）。

3. 快速反擊，再用浪子踢球，出左腿彈踢敵陰部（圖 3-173）。

八十七、開肘炮拳

1. 敵我對峙。

2. 敵先用腿踢我下部，我急用左開肘下勢，破開來招（圖 3-174）。

3. 快速反擊，再用炮打龍頭，發右拳沖打敵臉部（圖 3-175）。

圖 3-174　　　　　　　　圖 3-175

圖 3-176

八十八、下開後彈

1. 敵我對峙。

2. 敵先用腿踢我下部，我急用左開肘下勢，破開來招（圖 3-176）。

圖 3-177　　　　　　　　圖 3-178

3. 快速反擊，再用浪子踢球，出右腿彈踢敵陰部（圖 3-177）。

八十九、雙擔雙貫

1. 敵我對峙。

2. 敵先雙手打我上部，我急用二郎擔山，破開來招（圖 3-178）。

3. 快速反擊，再用雙鋒貫耳，發雙拳貫打敵雙耳部（圖 3-179）。

九十、擔山窩心

1. 敵我對峙。

2. 敵先雙手打我上

圖 3-179

圖 3-180

159

圖 3-181

部，我急用二郎擔山，破開來招（圖 3-180）。

　　3. 快速反擊，再用火磚窩心，出右腿蹬踢敵心部（圖 3-181）。

圖 3-182

九十一、勾勢分膝

1. 敵我對峙。

2. 敵先用腿踢我下部，我急用左反腕勾曲，破開來招（圖 3-182）。

3. 快速反擊，再用裙腿分膝，出左腿踹踢敵膝部（圖 3-183）。

圖 3-183

九十二、關門開炮

1. 敵我對峙。

2. 敵先用腿踢我下部，我急用左單棍抵門，破開來招

圖 3-184　　　　　　圖 3-185

（圖 3-184）。

3.快速反擊，再用炮打龍頭，發右拳沖打敵臉部（圖
3-185）。

九十三、落步沖拳

1.敵我對峙。

2.敵先用腿踢
我下部，我急用左
小龍擺尾，破開來
招（圖 3-186）。

圖 3-186

圖 3-187　　　　　　圖 3-188

3.快速反擊，再用炮打龍頭，發右拳沖打敵臉部（圖3-187）。

九十四、順腿分膝

1.敵我對峙。

2.敵先用腿踢我下部，我急用左小丫踢毽，破開來招（圖3-188）。

3.快速反擊，再用裙腿分膝，出左腿踹踢敵膝部（圖3-189）。

第二節　巧打法

面對身強力壯的對手，其功力超我，不能力敵，必以巧取。巧打法即是利用步法的閃展騰挪和身法的吞吐伏沉以及虛招假勢等。主攻時先做佯動，引誘其上鉤，再奇襲其要

圖 3-189 圖 3-190

害；反擊時，先行閃躲，不與來勁硬拼，避免與敵糾纏，見縫插針，伺機巧勝。

163

一、封眼勾魂

1. 敵我對峙（以我左開門勢迎敵為例，下同）。

2. 我見機速進，先用雲遮日月，發左掌拍打敵眼部（圖3-190）。

3. 跟蹤追擊，再用勾魂破陰，發右拳掏打敵陰部（圖3-191）。

圖 3-191

圖 3-192　　　　　　　　　圖 3-193

二、封眼踢陰

1. 敵我對峙。

2. 我見機速進，先用雲遮日月，發左掌拍打敵眼部（圖 3-192）。

3. 跟蹤追擊，再用浪子踢球，出右腿彈踢敵陰部（圖 3-193）。

圖 3-194

三、上驚下踢

1. 敵我對峙。

2. 我見機速進，先用假招，佯打敵上部（圖 3-194）。假招虛擊，目的誘敵動防，打其不測，牽敵鼻子，爭取

主動，巧妙勝人。使用時，手或腳皆可，只作其形，不必發猛力。

3.誘敵上鉤，再用浪子踢球，出腿彈踢敵陰部（圖3-195）。

圖 3-195

四、巧奪龍頭

1.敵我對峙。

2.我見機速進，先用假招，佯打敵下部（圖3-196）。

3.誘敵上鉤，再用炮打龍頭，發拳沖打敵臉部（圖3-197）。

165

圖 3-196　　　　　　　圖 3-197

圖 3-198

五、束身沖襠

1. 敵我對峙。

2. 敵先打我上部，我急用左猿猴束身，躲避來招（圖 3-198）。

3. 快速反擊，再用黑狗沖襠，發左拳沖打敵陰部（圖 3-199）。

圖 3-199

圖 3-200

六、彎腰試炮

1. 敵我對峙。

2. 敵先打我中部，我急用左靈蛇曲腰，躲避來招（圖 3-200）。

3. 快速反擊，再用炮打龍頭，發左拳沖打敵臉部（圖 3-201）。

圖 3-201

圖 3-202

七、翻身分膝

1. 敵我對峙。

2. 敵先打我上部，我急用左鷂子翻身，躲避來招（圖3-202）。

3. 快速反擊，再用裙腿分膝，出左腿踹踢敵膝部（圖3-203）。

圖 3-203

八、仰身陰腿

1. 敵我對峙。

2. 敵先打我上部，我急用左勒馬觀瞧，躲避來招（圖

圖 3-204

圖 3-205

3-204）。

　　3. 快速反擊，再用浪子踢球，出左腿彈踢敵陰部（圖
3-205）。

九、斜身踹腳

1.敵我對峙。

2.敵先打我上部，我急用左鷂子翻身，躲避來招（圖3-206）。

3.快速反擊，再用斜踹山門，出左腿踹踢敵中部（圖3-207）。

圖 3-206

十、躲步快拳

1.敵我對峙。

2.敵先強攻，我急退讓一步，躲避來招（圖3-208）。

3.快速反擊，再發拳打敵要部（圖3-209）。

圖 3-207

圖 3-208　　　　　　　　　圖 3-209

　　退步時，一般側退，比較安全。反擊時，一般用沖拳，能放長擊遠，迅捷易中。

　　使用巧打法，全靠反應靈敏，速度要快，目標要精確。沒有把握，不要輕出。一旦發招，專打要害，求一擊必殺。初擊得手，應加以連擊，不給敵喘息之機。

第三節　擒摔法

　　擒摔法是指擒住敵方和摔倒敵方的招法。其中既包含擒拿的分筋錯骨法，又有摔跌的破樁倒身法，在臨敵時有非常高的實用價值。

一、老鷹捉雞

1.敵我對峙（以我左開門勢迎敵為例，下同）。

2.我見機速進，先用老鷹抓雞，出左爪向敵正下猛力抓

拉其頭髮（圖 3-210）。

3. 跟蹤追擊，再用老鷹抓雞，發右爪向敵正下猛力抓拉敵頭髮。雙手合勢，既能傷敵頭皮及頸節，又能致其前仆（圖 3-211）。

圖 3-210

二、死雞擰頭

1. 敵我對峙。

2. 我見機速進，先用老鷹抓雞，出左爪向敵側下猛力抓拉其頭髮（圖 3-212）。

3. 跟蹤追擊，上用右爪抓扣敵下巴，順左爪方向，和左

圖 3-211

圖 3-212　　　　　　　　圖 3-213

爪合力旋擰敵頭部；下
用左腿向裡勾拌。既傷
敵頷節及頸節，又可致
敵側倒（圖3-213）。

三、宋將托印

1. 敵我對峙。

2. 我見機速進，先
用老鷹抓雞，出左爪向
敵後下猛力抓拉其頭髮
（圖 3-214）。

圖 3-214

3. 跟蹤追擊，上用右爪猛力推托敵下巴，與左爪合力向
後搬掀敵頭部；下用左腿向裡勾拌。既傷敵頦節及頸節，又
可致其仰跌（圖 3-215）。

圖 3-215　　　　　　　　　圖 3-216

174

四、廚子扛面

1. 敵我對峙。

2. 我見機速進，先用老鷹抓雞，出右爪向敵正下猛力抓拉其頭髮（圖 3-216）。

3. 跟蹤追擊，上用左臂摟夾敵脖頸；下用左腿、胯向外挑拌和擠靠。既可傷敵頭皮和頸節，又可致其前栽（圖3-217）。

五、金鉤釣龜

1. 敵我對峙。

2. 我見機速進，先

圖 3-217

圖 3-218　　　　　　圖 3-219

用金絲纏腕，出左爪向敵左後猛力抓纏其左手腕（圖 3-218）。

3. 跟蹤追擊，用褡裡摘桃，出右爪從敵左後抓搠其陰部，並向上提捔。輕則致敵失衡歪倒，重則致其巨痛昏暈（圖 3-219）。

六、馬後催鞭

1. 敵我對峙。

2. 我見機速進，先用金絲纏腕，出左爪向敵左後猛力抓纏敵左手腕（圖 3-220）。

3. 跟蹤追擊，上用老鷹抓雞，出右爪捕捉敵另手臂，向其後

圖 3-220

拉拽；下用大聖蹬爐，出
左腿蹬住其臀部或腰部，
向敵前與雙爪反向爭力。
輕則致敵動彈不得，身向
後歪，重則掉肩傷臂，傷
害極大（圖 3-221）。

圖 3-221

七、腦後摘盔

1. 敵我對峙。

2. 我見機速進，先用
金絲纏腕，出左爪向敵左
後猛力抓纏其左手腕（圖 3-222）。

3. 跟蹤追擊，上用老鷹抓雞，出右爪向敵後正下猛力拉
扯其頭髮；下用左腿向外挑踩。既傷敵頦節及頸節，又可致
其仰跌（圖 3-223）。

圖 3-222   圖 3-223

圖 3-224　　　　　　　　　　　　圖 3-225

八、太祖勒馬

1. 敵我對峙。

2. 我見機速進，先用金絲纏腕，出左爪向敵左後猛力抓纏其左手腕（圖 3-224）。

3. 跟蹤追擊，上用老鷹抓雞，出右爪撲抓敵頭髮，並向其後拉拽；下用左膝抵住敵後腰，向前猛力提頂。上下合力，輕可致敵仰跌，重則致其頸傷腰折（圖 3-225）。

九、倒背金人

1. 敵我對峙。

2. 我見機速進，先用金絲纏腕，出左爪向敵左後猛力抓纏其左手腕（圖 3-226）。

3. 跟蹤追擊，上用右臂從敵右頸伸過，猛力勒箍敵咽喉，並向其後摟壓；下進右步，用右腿、胯向外挑拌和擠

圖 3-226　　　　　　　　圖 3-227

178

靠。既能擒伏拿獲，又
能傷敵氣門；輕可致敵
後倒，重則致其窒息
（圖 3-227）。

十、提桶牽繩

1. 敵我對峙。

2. 我見機速進，先
用金絲纏腕，出左爪向
敵右外上猛力抓纏敵右
手腕（圖 3-228）。

圖 3-228

3. 跟蹤追擊，再用蛇形叼手，出右爪向上猛力搬掀敵右
肘節，既傷敵肩節和肘節，又能致其仰跌（圖 3-229）。

圖 3-229　　　　　　　　圖 3-230

十一、撐枝取材

1. 敵我對峙。

2. 我見機速進，先用金絲纏腕，出左爪向敵右外上猛力抓纏敵右手腕（圖 3-230）。

3. 跟蹤追擊，再用金絲纏腕，出右爪抓纏敵右手，加大纏撐力度和幅度，迫使敵身歪後倒，肩脫臂傷（圖 3-231）。

十二、繫繩插木

1. 敵我對峙。

2. 我見機速進，先用金絲纏腕，出右爪向敵左

圖 3-231

圖 3-232　　　　　　　　　圖 3-233

後猛力抓纏敵左手腕（圖 3-232）。

　　3.跟蹤追擊，再用左前臂插入敵左肩臂間，手猛力壓其肩部，前臂猛力撬其肘節，配合右爪纏提，合勢致傷敵肘肩，並能迫其前栽（圖 3-233）。

十三、撩臂脫袍

　　1.敵我對峙。

　　2.我見機速進，先用金絲纏腕，出右爪向敵左外下猛力抓纏敵左手腕（圖 3-234）。

　　3.跟蹤追擊，再用左勾手黏貼敵左肘節，猛力向下勾拉，右爪纏提配合，以挫傷敵肩節，加大

圖 3-234

圖 3-235　　　　　　　　圖 3-236

力幅，其必歪倒（圖 3-235）。

十四、農夫攞籃

1. 敵我對峙。

2. 我見機速進，先用金絲纏腕，出左爪向敵右外上猛力抓纏敵右手腕（圖 3-236）。

3. 跟蹤追擊，再用右爪從敵肘下伸過抓其手，與左爪合力向外下扳壓，以扭傷敵右肘。右腿進其身右向裡靠拌，致敵摔倒（圖 3-237）。

圖 3-237

圖 3-238　　　　　　　圖 3-239

十五、野馬伏槽

1. 敵我對峙。

2. 我見機速進，先用金絲纏腕，出左爪向敵左後猛力抓纏其左手腕（圖 3-238）。

3. 跟蹤追擊，再用右掌向下拍按敵肘後頭，猛力下壓，既可傷敵肘節，又可致其下栽（圖 3-239）。

十六、狸貓上樹

1. 敵我對峙。

2. 我先用野馬伏槽（圖 3-240）。

圖 3-240

圖 3-241　　　　　　　　　圖 3-242

183

3.跟蹤追擊，再用右腿蹬住敵左肩後部，猛力下踩。輕則致敵動彈不得，重則掉肩傷臂（圖 3-241）。

此招與下招小姐上驢皆是野馬伏槽的補招，若野馬伏槽中掌勁不足以擒敵，即可用之，加大力度，增強傷害，徹底制服。

十七、小姐上驢

1.敵我對峙。

2.我先用野馬伏槽（圖 3-242）。

3.跟蹤追擊，再用右膝節抵住敵左肩後，猛力下壓，既傷敵肘又傷敵肩，並能將其牢控（圖 3-243）。

圖 3-243

圖 3-244　　　　　　　　圖 3-245

十八、枯藤盤絲

1. 敵我對峙。

2. 我見機速進，先用老鷹抓雞，出左爪向敵左側上抓拉敵左手臂（圖 3-244）。

3. 跟蹤追擊，上用老鷹抓雞，出右爪向敵左下猛力抓拉其頭髮；下用枯樹盤根，出右腿向敵右上猛力勾掃敵左腿。同時發勁，敵必立倒（圖 3-245）。

十九、順手擒羊

1. 敵我對峙。

2. 我見機速進，先用老鷹抓雞，出左爪向敵正前抓拉敵左臂或抓控敵腿（圖 3-246）。

3. 跟蹤追擊，上用順手牽羊，出右爪抓敵左臂或敵腿向敵正前猛力拉扯；下用腿向外挑拌，可致敵前趴摔傷（圖

圖 3-246

185

圖 3-247

3-247）。

二十、舉火燒天

1. 敵我對峙。
2. 我先用天王托塔，出左掌托控敵單腿（圖 3-248）。

此招用在反擊中，敵腿踢來。伺機控制。

3. 跟蹤追擊，再用天王托塔，右掌連托，雙手合舉，勁猛幅大，立可致敵仰跌，摔傷後腦（圖3-249）。

太祖拳招法的連環，無論剛猛法、巧打法，還是擒摔法，可謂是舉不勝舉，再者每一招又有多種用法，多種變化。筆者只能擇其要招，綜其精義，需學者舉一反三，觸類旁通，千萬不要死搬硬套！

圖3-248

圖3-249

第四章

太祖拳傳統套路

>>>>>>>>>>>>>>>>>>>>>>>>>>>>>>>>>>>

　　套路是一種傳統的練功方法，主要練習身法、步法以及發力的多種方式，為技擊實戰打下良好的基礎。套路重在多練，練至純熟後，各種動作高度協調了，就可以打破固有的套子，隨意連環，隨意應用。

　　太祖拳的套路，沒有花架，動作實在，內容豐富。其歌訣：「拳打洪門勢最強，出招見紅把人傷。上打咽喉下打陰，兩手總在懷中藏。」

第一節　太祖小戰拳

　　太祖小戰拳是入門的拳法，要求習者掌握短勁橫力，並含有步法、肘膝法和招架法，短促突擊，架勢緊湊，樁步穩固，動形較小，節奏分明。

　　其歌訣：「太祖秘拳小戰法，拳勢小巧是短打。未學打人先學防，走步躲避帶招架。」

1. 太祖朝佛（正立勢）

　　身正直立，雙腿併齊，腳尖外分；雙手合十，掌指向

圖 4-1

圖 4-2

上，高在鼻位。準備開拳（圖 4-1）。

2. 千斤墜地（右震勢）

右腿向右震腳，展開成正馬樁；雙掌變拳，收放在胸位，拳心皆向上，拳面皆向前
（圖 4-2）。

3. 炮拳雙響（正馬勢）

雙拳同時向前沖出，拳面皆向前，拳心皆向下，位高同肩（圖 4-3）。

4. 二郎擔山（正馬勢）

雙手前臂同時向頭外展擺，肘節彎曲，前臂豎直，拳

圖 4-3

圖 4-4

圖 4-5

部在上（圖4-4）。

5. 雙龍入海（正馬勢）

雙拳同時向下沖出，拳面皆向下，拳心皆向裡，高在襠位（圖4-5）。

6. 指天畫地（正馬勢）

右前臂向頭右外提擺，肘節彎曲，前臂豎直，拳部在上；左臂向左胯外落擺，肘節伸直，拳部在下（圖4-6）。

7. 指天畫地（正馬勢）

左前臂向胸右提擺，肘節彎曲，前臂豎直，拳部在上；

圖 4-6

圖 4-7　　　　　　　　　圖 4-8

右臂向右胯外落擺，肘節伸直，拳部在下（圖 4-7）。

8. 直搗黃龍（左弓勢）

身向左轉，腰向左擰，左肘向左前搗出，高在心位；右拳收放右胸側，拳心向上，拳面向前；兩腿變成左弓樁（圖 4-8）。

9. 火箭穿心（左弓勢）

右拳向前沖出，拳心向下，拳面向前，高在心位；左拳收放左胸側，拳心向上，拳面向前（圖 4-9）。

10. 鐵臂架樑（左馬勢）

左前臂向頭正上提擺，肘節彎

圖 4-9

圖 4-10　　　　　　　　圖 4-11

191

曲，前臂橫平，拳部在右；右拳收放右胸側，拳心向上，拳面向前；兩腿變成左馬樁（圖 4-10）。

11. 立馬橫棍（左馬勢）

左前臂向腹前位落擺，肘節彎曲，前臂橫平，拳部在右（圖 4-11）。

12. 鶴翅單展（右馬勢）

左腿後退一步，變成右馬樁；右前臂向頭右外提擺，肘節彎曲，前臂豎直，拳部在上；左拳收放左胸側，拳心向上，拳面向前（圖 4-12）。

圖 4-12

圖 4-13

圖 4-14

13. 紅臉照鏡（右馬勢）

右前臂向臉左側轉擺，肘節彎曲，前臂豎直，拳部在上（圖 4-13）。

14. 直搗黃龍（右弓勢）

右肘向前搗出，高在心位；兩腿變成右弓樁（圖 4-14）。

圖 4-15

15. 短杖掄頭（左弓勢）

左腿向前進一步，兩腿變成左弓樁；左肘向前拐出，高在頭位；右拳收放右胸側，拳心向上，拳面向前（圖 4-15）。

圖 4-16

圖 4-17

193

16. 下勢開肘（左馬勢）

左臂肘節伸直，向左胯外落擺，拳部在下；兩腿變成左馬樁（圖 4-16）。

17. 裙腿分膝（左踢勢）

左腿向前踹出，腳腕勾起，腳尖向裡，腳掌向前，高在膝位；雙拳協動（圖 4-17）。

圖 4-18

18. 炮打龍頭（左弓勢）

左腿落地成左弓樁；左拳向前沖出，拳心向下，拳面向前，高在頭位；右拳回胸（圖 4-18）。

圖 4-19

圖 4-20

19. 鶴翅單展（左馬勢）

兩腿變成左馬樁；左前臂
向頭左外提擺，肘節彎曲，前
臂豎直，拳部在上（圖 4-
19）。

20. 紅臉照鏡（左馬勢）

左前臂向臉右側轉擺，肘
節彎曲，前臂豎直，拳部在上
（圖 4-20）。

圖 4-21

21. 鐵臂架樑（左馬勢）

左前臂向頭正上提擺，肘節彎曲，前臂橫平，拳部在右
（圖 4-21）。

圖 4-22

圖 4-23

22. 立馬橫棍（左馬勢）

左前臂向腹前位落擺，肘節彎曲，前臂橫平，拳部在右（圖 4-22）。

23. 炮打龍頭（左弓勢）

兩腿變成左弓樁；右拳向前沖出，拳心向下，拳面向前，高在頭位；左拳收歸胸位（圖 4-23）。

圖 4-24

24. 斂鋒藏鍔（左虛勢）

重心後移，左腿回收，腳尖點地，變成左虛樁；左前臂向胸前伸出，肘節彎曲，拳高同鼻；右拳收歸胸位（圖 4-24）。

圖 4-25

圖 4-26

25. 小龍擺尾（左腿勢）

左小腿向前左側擺，腳尖左垂，膝節彎曲；雙拳協動（圖4-25）。

26. 小丫踢毽（左腿勢）

左小腿向前右側擺，腳腕裡勾，膝節彎曲，雙拳協動（圖4-26）。

圖 4-27

27. 浪子踢球（左踢勢）

左腳向前正彈，腳尖向前，腳面向上，高在襠位；雙拳協動（圖4-27）。

圖 4-28

圖 4-29

197

28. 斂鋒藏鍔（左虛勢）

左腿回收，腳尖點地，變
成左虛樁；左前臂伸向胸前，
肘節彎曲，拳高同鼻；右拳回
胸（圖 4-28）。

29. 鐵臂架樑（左馬勢）

右腿稍退，變成左馬樁；左
前臂向頭正上提擺，肘節彎
曲，前臂橫平，拳部在右（圖 4-29）。

圖 4-30

30. 黑虎掏心（左弓勢）

兩腿變成左弓樁；右拳向前掏出，拳心向裡，拳面向
上，高在心位；左拳回胸（圖 4-30）。

圖 4-31

圖 4-32

31. 鳳凰展翅（左膝勢）

左膝向右上頂起，膝節彎曲，腳尖向左下垂放，腳面繃直；雙臂左右伸直展開（圖4-31）。

32. 反腕勾曲（右虛勢）

左腿落下，身向右轉，右腳跟提起，腳尖點地成右虛椿；右拳變勾手，向右下反腕

圖 4-33

勾出，勾尖在外，手腕在裡；左拳隨之回胸（圖4-32）。

33. 裙腿分膝（右踢勢）

右腿向前踹出，腳腕勾起，腳尖向左，腳掌向前，高在

圖 4–34

圖 4–35

199

膝位；雙拳協動（圖 4–33）。

34. 鶴翅單展（右馬勢）

右腿落地成右馬樁；右前臂向頭右外提擺，肘節彎曲，前臂豎直，拳部在上；左拳回胸（圖4–34）。

35. 下勢開肘（右馬勢）

右臂肘節伸直，向右胯外落擺，拳部在下（圖 4–35）。

圖 4–36

36. 膀手滾肘（右虛勢）

兩腿變成右虛樁；右前臂向胸左提擺，肘節彎曲裡擰，拳部在下（圖 4–36）。

圖 4-37

圖 4-38

200

37. 膀手滾肘（左虛勢）

右腿後退一步，變成左虛椿；左前臂向胸右提擺，肘節彎曲裡擰，拳部在下；右拳回胸（圖 4-37）。

38. 直搗黃龍（左弓勢）

左腿稍進，變成左弓椿；左肘順勢向前搗出，高在心位（圖 4-38）。

圖 4-39

39. 膀手滾肘（左虛勢）

左腿後收，變成左虛椿；左前臂向胸右提擺，肘節彎曲裡擰，拳部在下（圖 4-39）。

圖 4-40

圖 4-41

40. 黑狗沖襠（左馬勢）

左腿稍進，變成左馬樁；
左拳向前沖出，拳心向裡，拳
面向下，高在襠位（圖 4-
40）。

41. 鳳凰展翅（右膝勢）

右膝向左上頂起，膝節彎
曲，腳尖向右下垂放，腳面繃
直；雙臂左右伸直展開（圖 4-41）。

圖 4-42

42. 斜踹山門（右踢勢）

右腿向前踹出，腳腕勾起，腳尖向左，腳掌向前，高在
頭位；雙拳協動（圖 4-42）。

圖 4-43

圖 4-44

43. 斂鋒藏鍔（左虛勢）

右腿落地，身向左後翻轉；左腳尖點地變成左虛樁；左前臂向胸前伸出，肘節彎曲，拳高同鼻；右拳回胸（圖 4-43）。

44. 鷂子翻身（右跪勢）

身向右後翻轉，頭向不變，左腿彎曲成右跪步；雙拳協動（圖 4-44）。

圖 4-45

45. 火箭穿心（正馬勢）

身向左傳，左腿挺起變成正馬樁，左拳同時沖出，拳心向下，拳面向前，高在心位；右拳回胸（圖 4-45）。

圖 4-46

圖 4-47

46. 鐵臂架樑 （左馬勢）

左前臂向頭正上提擺，肘節彎曲，前臂橫平，拳部在右；兩腿變成左馬椿（圖 4-46）。

47. 立馬橫棍 （左馬勢）

左前臂向腹前位落擺，肘節彎曲，前臂橫平，拳部在右（圖 4-47）。

圖 4-48

48. 鶴翅單展 （左馬勢）

左前臂向頭左外提擺，肘節彎曲，前臂豎直，拳部在上（圖 4-48）。

圖 4-49

圖 4-50

204

49. 紅臉照鏡（左馬勢）

左前臂向臉右側轉擺，肘節彎曲，前臂豎直，拳部在上（圖 4-49）。

50. 鐵肘挑頦（左弓勢）

左腿向前進一步，兩腿變成左弓樁；左肘向前上挑起，高在頦位（圖 4-50）。

圖 4-51

51. 直搗黃龍（左馬勢）

兩腿滑進，變成左馬樁；左肘向前搗出，高在心位（圖 4-51）。

圖 4-52

圖 4-53

52. 短杖掄頭（左弓勢）

兩腿變成左弓樁；右肘向前拐出，高在頭位；左拳回胸（圖 4-52）。

53. 短杖掄頭（左弓勢）

左肘向前拐出，高在心位；右拳回胸（圖 4-53）。

54. 短杖掄頭（左弓勢）

圖 4-54

右肘向前拐出，高在頭位；左拳回胸（圖 4-54）。

圖 4-55

圖 4-56

55. 直搗黃龍（右馬勢）

右腿向前進一步，兩腿變成右馬樁；右肘向前搗出，高在心位（圖 4-55）。

56. 裙腿分膝（右踢勢）

右腿向前踹出，腳腕勾起，腳尖向左，腳掌向前，高在膝位；雙拳協動（圖 4-56）。

圖 4-57

57. 水蛇伸頭（左踢勢）

左腳向前正彈，腳尖向前，腳面向上，高在脛位；雙拳協動（圖 4-57）。

圖 4-58

圖 4-59

207

58. 水蛇伸頭（右踢勢）

右腳向前正彈，腳尖向前，腳面向上，高在脛位；雙拳協動（圖 4-58）。

59. 水蛇伸頭（左踢勢）

左腳向前正彈，腳尖向前，腳面向上，高在脛位；雙拳協動（圖 4-59）。

60. 炮拳雙響（左弓勢）

圖 4-60

左腳落地，成左弓椿；雙拳向前沖出，拳面皆向前，拳心皆向下，臂高同肩（圖 4-60）。

圖 4-61

圖 4-62

61. 揚蹄踏膝（右踢勢）

右腿向前蹬出，腳腕勾起，腳尖向上，腳掌向前，高在膝位；雙拳協動（圖 4-61）。

62. 直搗黃龍（右馬勢）

右腿落地，成右馬樁；右肘向前搗出，高在心位；左拳回胸（圖 4-62）。

圖 4-63

63. 金雞獨立（左膝勢）

左膝向正上頂起，膝節彎曲，腳尖下垂，腳面繃直；雙拳協動（圖 4-63）。

圖 4-64

圖 4-65

64. 裙腿分膝（左踢勢）

身向右轉，左腿向前踹
出，腳腕勾起，腳尖向右，腳
掌向前，高在膝位；雙拳協動
（圖 4-64）。

65. 千斤墜地（左震勢）

左腿下落震腳，成左馬
樁；雙拳回胸（圖 4-65）。

66. 千斤墜地（右震勢）

圖 4-66

向左轉身半周，右腿進步向下震腳，成右馬樁（圖 4-
66）。

209

圖 4-67　　　　　　　　　　　圖 4-68

67. 千斤墜地（左震勢）

向右轉身半周，左腿進步向下震腳，成左馬樁（圖4-67）。

68. 千斤墜地（右震勢）

向左轉身半周，右腿進步向下震腳，成右馬樁（圖4-68）。

69. 伏虎聽風（左仆勢）

身向左翻，右腿後撤，全幅彎曲，左腿伸直下仆，變成左仆樁，腰向前彎；雙拳協動（圖4-69）。

70. 臥虎掃屈（右踢勢）

右腳貼地向前掃出一周；雙拳協動（圖4-70）。

圖 4-69

圖 4-70

圖 4-71

圖 4-72

71. 火箭穿心（右馬勢）

起身抽腿，變成右馬椿；右拳向前沖出，拳心向下，拳面向前，高在心位；左拳收胸（圖 4-71）。

72. 鐵臂架樑（右馬勢）

右前臂向頭正上提擺，肘節彎曲，前臂橫平，拳部在左（圖 4-72）。

圖 4-73

圖 4-74

73. 鐵臂架樑（左馬勢）

右腿退後一步，變成左馬椿；左前臂向頭正上提擺，肘節彎曲，前臂橫平，拳部在右；右拳回胸（圖 4-73）。

74. 立馬橫棍（左馬勢）

左前臂向腹前位落擺，肘節彎曲，前臂橫平，拳部在右（圖 4-74）。

75. 指天畫地（左馬勢）

圖 4-75

右前臂向頭右外提擺，肘節彎曲，前臂豎直，拳部在上；左臂向左胯外落擺，肘節伸直，拳部在下（圖 4-75）。

圖 4-76　　　　　　圖 4-77

76. 指天畫地（左馬勢）

左前臂向頭右外提擺，肘節彎曲，前臂豎直，拳部在上；右臂向右胯外落擺，肘節伸直，拳部在下（圖 4-76）。

77. 金雞獨立（左膝勢）

左膝向左上頂起，膝節彎曲，腳尖下垂，腳面繃直；雙拳協動（圖 4-77）。

圖 4-78

78. 千斤墜地（左震勢）

向右轉身，左腿下落震腳成左馬樁；雙拳同時回胸（圖 4-78）。

圖 4-79　　　　　　　　　圖 4-80

79. 反腕勾曲（左虛勢）

左腿稍收，腳跟提起，腳尖點地成左虛樁；左拳變勾手，向左下反腕勾出，勾尖在外，手腕在裡（圖 4-79）。

80. 鳥盡弓藏（正立勢）

勾手變拳回胸；左腿合併右腿，膝節伸直，頭身歸正。全套收勢（圖 4-80）。

第二節　太祖大戰拳

太祖大戰拳專練猛勁，注重發力，配合腰法步法，沖擊撲進，大開大合，很有氣勢。分鎮南、掃北、征東、平西四套，各有偏重。

其歌訣：「太祖秘拳大戰法，重拳重腿重傷殺。帶上腰

圖 4-81

圖 4-82

法練猛勁，要想勝人全靠它。」

一、太祖鎮南大戰拳

1. 橫刀立馬（左馬勢）

身向右側 45°，雙拳提起，左前右後，置放胸中，手臂彎曲，沉肩翹肘；兩腿成左馬椿；眼看前方，準備開拳（圖 4-81）。

2. 拉弓放箭（右馬勢）

左臂慢慢向前伸直，拳心向下，拳面向前，臂高同肩；右拳撤回右胸側；身稍右轉，重心緩緩前移，兩腿變成右馬椿；準備發力（圖 4-82）。

圖 4-83

圖 4-84

3. 炮打龍頭（左弓勢）

左腿稍進，兩腿變成左弓
樁；腰向左擰，右拳向前猛力沖
出，拳心向下，拳面向前，高在
頭位；左拳回胸（圖 4-83）。

4. 炮打龍頭（左弓勢）

左拳向前沖出，拳心向下，
拳面向前，高在頭位；右拳回胸
（圖 4-84）。

圖 4-85

5. 炮打龍頭（左弓勢）

右拳向前沖出，拳心向下，拳面向前，高在頭位；左拳
回胸（圖 4-85）。

圖 4-86

圖 4-87

6. 炮打龍頭（右弓勢）

右腿前進一步，變成右弓椿；左拳向前沖出，拳心向下，拳面向前，高在頭位；右拳回胸（圖 4-86）。

7. 炮打龍頭（右弓勢）

右拳向前沖出，拳心向下，拳面向前，高在頭位；左拳回胸（圖 4-87）。

圖 4-88

8. 炮打龍頭（右弓勢）

左拳向前沖出，拳心向下，拳面向前，高在頭位；右拳回胸（圖 4-88）。

圖 4-89

圖 4-90

9. 火箭穿心（右弓勢）

右拳向前沖出，拳心向下，拳面向前，高在心位；左拳回胸（圖4-89）。

10. 火箭穿心（右弓勢）

左拳向前沖出，拳心向下，拳面向前，高在心位；右拳回胸（圖4-90）。

11. 火箭穿心（右弓勢）

圖 4-91

右拳向前沖出，拳心向下，拳面向前，高在心位；左拳回胸（圖4-91）。

圖 4-92

圖 4-93

12. 火箭穿心（左馬勢）

左腿前進一步，兩腿變成左馬樁；左拳向前沖出，拳心向下，拳面向前，高在心位；右拳回胸（圖 4-92）。

13. 火箭穿心（左弓勢）

兩腿變成左弓樁；右拳向前沖出，拳心向下，拳面向前，高在心位；左拳回胸（圖 4-93）。

圖 4-94

14. 火箭穿心（左弓勢）

左拳向前沖出，拳心向下，拳面向前，高在心位；右拳回胸（圖 4-94）。

圖 4-95

圖 4-96

220

15. 火箭穿心（左弓勢）

右拳向前沖出，拳心向下，拳面向前，高在心位；左拳回胸（圖 4-95）。

16. 黑狗沖襠（左馬勢）

兩腿變成左馬樁；左拳向前沖出，拳心向下，拳面向前，高在襠位；右拳回胸（圖 4-96）。

圖 4-97

17. 黑狗沖襠（左弓勢）

兩腿變成左弓樁；右拳向前沖出，拳心向下，拳面向前，高在心位；左拳回胸（圖 4-97）。

圖 4-98

圖 4-99

18. 黑狗沖襠（左馬勢）

兩腿變成左馬樁；左拳向前沖出，拳心向裡，拳面向下，高在襠位；右拳回胸（圖 4-98）。

19. 黑狗沖襠（左弓勢）

兩腿變成左弓樁；右拳向前沖出，拳心向裡，拳面向下，高在襠位；左拳回胸（圖 4-99）。

圖 4-100

20. 黑狗沖襠（左馬勢）

兩腿變成左馬樁；左拳向前沖出，拳心向裡，拳面向下，高在心位；右拳回胸（圖 4-100）。

圖 4-101

圖 4-102

222

21. 黑狗沖襠（左弓勢）

兩腿變成左弓椿；右拳向
前沖出，拳心向裡，拳面向
下，高在襠位；左拳回胸（圖
4-101）。

22. 炮打龍頭（左弓勢）

左拳向前沖出，拳心向
下，拳面向前，高在頭位；右
拳回胸（圖 4-102）。

23. 火箭穿心（左弓勢）

圖 4-103

右拳向前沖出，拳心向下，拳面向前，高在心位；左拳
回胸（圖 4-103）。

圖 4-104

圖 4-105

24. 火箭穿心（左馬勢）

兩腿變成左馬樁；左拳向前沖出，拳心向下，拳面向前，高在心位；右拳回胸（圖 4-104）。

25. 炮打龍頭（左弓勢）

兩腿變成左弓樁；右拳向前沖出，拳心向下，拳面向前，高在頭位；左拳回胸（圖 4-105）。

圖 4-106

26. 火箭穿心（左弓勢）

左拳向前沖出，拳心向下，拳面向前，高在心位；右拳回胸（圖 4-106）。

圖 4-107

圖 4-108

27. 黑狗沖襠 (左跪勢)

右腿彎曲,變成左跪樁;右拳向前沖出,拳心向裡,拳面向下,高在襠位;左拳回胸(圖4-107)。

28. 火箭穿心 (左弓勢)

兩腿變成左弓樁;左拳向前沖出,拳心向下,拳面向前,高在心位;右拳回胸(圖4-108)。

圖 4-109

29. 破腸瀉肚 (左弓勢)

右拳向前沖出,拳心向下,拳面向前,高在腹位;左拳回胸(圖4-109)。

圖 4-110

圖 4-111

30. 炮打龍頭（左弓勢）

左拳向前沖出，拳心向下，拳面向前，高在頭位；右拳回胸（圖4-110）。

31. 破腸瀉肚（右弓勢）

右腿前進一步，變成右弓樁；右拳向前沖出，拳心向下，拳面向前，高在腹位；左拳回胸（圖4-111）。

圖 4-112

32. 火箭穿心（左弓勢）

左腿前進一步，變成左弓樁；左拳向前沖出，拳心向下，拳面向前，高在心位；右拳回胸（圖4-112）。

圖 4-113

圖 4-114

226

33. 斜踹山門（左踢勢）

左腿向前踹出，腳腕勾起，腳尖向右，腳掌向前，高在心位；雙拳協動（圖 4-113）。

34. 黑狗沖襠（左馬勢）

左腿落地，成左馬樁；左拳向前沖出，拳心向裡，拳面向下，高在襠位；右拳回胸（圖 4-114）。

圖 4-115

35. 火箭穿心（左弓勢）

兩腿變成左弓樁；右拳向前沖出，拳心向下，拳面向前，高在心位；左拳回胸（圖 4-115）。

圖 4-116　　　　　　　　圖 4-117

36. 大聖蹬爐（右踢勢）

右腿向前蹬出，腳腕勾起，腳尖向上，腳掌向前，高與胯齊；雙拳協動（圖 4-116）。

37. 火箭穿心（右馬勢）

右腿落地，成右馬樁；右拳向前沖出，拳心向下，拳面向前，高在心位；左拳回胸（圖4-117）。

圖 4-118

38. 火箭穿心（右弓勢）

兩腿變成右弓樁；左拳向前沖出，拳心向下，拳面向前，高在心位；右拳回胸（圖4-118）。

圖 4-119

圖 4-120

228

39. 火箭穿心（右弓勢）

右拳向前沖出，拳心向下，拳面向前，高在心位；左拳回胸（圖 4-119）。

40. 大聖蹬爐（左踢勢）

左腿向前蹬出，腳腕勾起，腳尖向上，腳掌向前，高與胯齊；雙拳協動（圖 4-120）。

圖 4-121

41. 黑狗沖襠（左跪勢）

左腿落地，成左跪椿；右拳向前沖出，拳心向裡，拳面向下，高在襠位；左拳回胸（圖 4-121）。

圖 4-122

圖 4-123

229

42. 黑虎掏心（左馬勢）

兩腿變成左馬樁；左拳向前掏出，拳心向裡，拳面向上，高在心位；右拳回胸（圖 4-122）。

43. 單鋒貫耳（左弓勢）

兩腿變成左弓樁；右拳向前貫出，拳心向裡，拳面向左，高在耳位；左拳回胸（圖 4-123）。

44. 單鋒貫耳（左弓勢）

圖 4-124

左拳向前貫出，拳心向裡，拳面向右，高在耳位；右拳回胸（圖 4-124）。

圖 4-125

圖 4-126

45. 單鋒貫耳（左弓勢）

右拳向前貫出，拳心向裡，拳面向左，高在耳位；左拳回胸（圖 4-125）。

46. 黑虎掏心（左馬勢）

兩腿變成左馬樁；左拳向前掏出，拳心向裡，拳面向上，高在心位；右拳回胸（圖 4-126）。

圖 4-127

47. 劈頭蓋臉（左弓勢）

兩腿變成左弓樁；右拳向前蓋出，拳心向左，拳面向下，高在臉位；左拳回胸（圖 4-127）。

圖 4-128

圖 4-129

231

48. 單鋒貫耳（左馬勢）

兩腿變成左馬樁；左拳向前貫出，拳心向裡，拳面向右，高在耳位；右拳回胸（圖 4-128）。

49. 黑虎掏心（左弓勢）

兩腿變成左弓樁；右拳向前掏出，拳心向裡，拳面向上，高在心位；左拳回胸（圖 4-129）。

50. 黑虎掏心（左馬勢）

圖 4-130

兩腿變成左馬樁；左拳向前掏出，拳心向裡，拳面向上，高在心位；右拳回胸（圖 4-130）。

圖 4-131

圖 4-132

51. 黑虎掏心（左弓勢）

兩腿變成左弓樁；右拳向前掏出，拳心向裡，拳面向上，高在心位；左拳回胸（圖 4-131）。

52. 單鋒貫耳（左馬勢）

兩腿變成左馬樁；左拳向前貫出，拳心向裡，拳面向右，高在耳位；右拳回胸（圖 4-132）。

53. 黑虎掏心（左弓勢）

圖 4-133

兩腿變成左弓樁；右拳向前掏出，拳心向裡，拳面向上，高在心位；左拳回胸（圖 4-133）。

圖 4-134

圖 4-135

54. 劈頭蓋臉（左馬勢）

兩腿變成左馬樁；左拳向前蓋出，拳心向右，拳面向下，高在臉位；右拳回胸（圖 4-134）。

55. 鐵錘開肋（左弓勢）

兩腿變成左弓樁；右拳向前掏出，拳心向裡，拳面向上，高在肋位；左拳回胸（圖 4-135）。

56. 單鋒貫耳（左馬勢）

圖 4-136

兩腿變成左馬樁；左拳向前貫出，拳心向裡，拳面向右，高在耳位；右拳回胸（圖 4-136）。

圖 4-137

圖 4-138

57. 油錘貫頂（左弓勢）

兩腿變成左弓樁；右拳向前蓋出，拳心向左，拳面向下，高在臉位；左拳回胸（圖 4-137）。

58. 油錘貫頂（右弓勢）

右腿前進一步，變成右弓樁；左拳向前蓋出，拳心向右，拳面向下，高在臉位；右拳回胸（圖 4-138）。

圖 4-139

59. 油錘貫頂（左弓勢）

左腿前進一步，變成左弓樁；右拳向前蓋出，拳心向左，拳面向下，高在臉位；左拳回胸（圖 4-139）。

圖 4-140

圖 4-141

60. 單鋒貫耳（左馬勢）

兩腿變成左馬樁；左拳向前貫出，拳心向裡，拳面向右，高在耳位；右拳回胸（圖4-140）。

61. 斜踹山門（右踢勢）

右腿向前踹出，腳腕勾起，腳尖向左，腳掌向前，高在頭位；雙拳協動（圖4-141）。

圖 4-142

62. 黑狗沖襠（右馬勢）

右腿落地，變成右馬樁；右拳向前沖出，拳心向裡，拳面向下，高在襠位；左拳回胸（圖4-142）。

圖 4-143

圖 4-144

63. 浪子踢球（左踢勢）

左腳向前正彈，腳尖向前，腳面向上，高在襠位；雙拳協動（圖 4-143）。

64. 火箭穿心（左弓勢）

左腿落地，成左弓樁；右拳向前沖出，拳心向下，拳面向前，高在心位；左拳回胸（圖 4-144）。

圖 4-145

65. 單鋒貫耳（左馬勢）

兩腿變成左馬樁；左拳向前貫出，拳心向裡，拳面向右，高在耳位；右拳回胸（圖 4-145）。

圖 4-146

圖 4-147

66. 單鋒貫耳（左弓勢）

兩腿變成左弓勢；右拳向前貫出，拳心向裡，拳面向左，高在耳位；左拳回胸（圖 4-146）。

67. 火磚窩心（右踢勢）

右腿向前蹬出，腳腕勾起，腳尖向上，腳掌向前，高在心位；雙拳協動（圖 4-147）。

圖 4-148

68. 單鋒貫耳（右弓勢）

右腿落地，成右弓椿；左拳向前貫出，拳心向裡，拳面向右，高在耳位；右拳回胸（圖 4-148）。

圖 4-149

圖 4-150

238

69. 黑虎掏心（右馬勢）

兩腿變成右馬椿；右拳向前掏出，拳心向裡，拳面向上，高在心位；左拳回胸（圖4-149）。

70. 黑虎掏心（右弓勢）

兩腿變成右弓椿；左拳向前掏出，拳心向裡，拳面向上，高在心位；右拳回胸（圖4-150）。

圖 4-151

71. 火箭穿心（右馬勢）

兩腿變成右馬椿；右拳向前沖出，拳心向下，拳面向前，高在心位；左拳回胸（圖4-151）。

圖 4-152

圖 4-153

72. 火箭穿心（左馬勢）

左腿前進一步，變成左馬椿；左拳向前沖出，拳心向下，拳面向前，高在心位；右拳回胸（圖 4-152）。

73. 黑虎掏心（左弓勢）

兩腿變成左弓椿；右拳向前掏出，拳心向裡，拳面向上，高在心位；左拳回胸（圖 4-153）。

圖 4-154

74. 破腸瀉肚（左馬勢）

兩腿變成左馬椿；左拳向前沖出，拳心向下，拳面向前，高在腹位；右拳回胸（圖 4-154）。

圖 4-155

圖 4-156

240

75. 單鋒貫耳（左弓勢）

兩腿變成左弓樁；右拳向前貫出，拳心向裡，拳面向右，高在耳位；左拳回胸（圖4-155）。

76. 火箭穿心（左弓勢）

左拳向前沖出，拳心向下，拳面向前，高在心位；右拳回胸（圖4-156）。

圖 4-157

77. 黑虎掏心（左弓勢）

右拳向前掏出，拳心向裡，拳面向上，高在心位；左拳回胸（圖4-157）。

圖 4-158

圖 4-159

78. 黑虎掏心（左馬勢）

兩腿變成左馬樁；左拳向前掏出，拳心向裡，拳面向上，高在心位；右拳回胸（圖4-158）。

79. 火箭穿心（左弓勢）

兩腿變成左弓樁；左拳向前沖出，拳心向下，拳面向前，高在心位；右拳回胸（圖4-159）。

圖 4-160

80. 藏鋒斂鍔（左虛勢）

左腿回收，腳尖點地，變成左虛樁；左前臂伸向胸前，肘節彎曲，拳高同鼻；右拳回胸。全套收勢（圖4-160）。

二、太祖掃北大戰拳

1. 拉弓射箭 (右馬勢)

身向右側 45°，左臂向前伸直，拳心向下，拳面向前，臂高同肩；右拳在胸；兩腿成右馬樁；眼看前方，準備開拳（圖 4-161）。

圖 4-161

2. 火箭穿心 (左弓勢)

兩腿變成左弓勢；右拳向前沖出，拳心向下，拳面向前，高在心位；左拳回胸（圖 4-162）。

3. 火箭穿心 (左弓勢)

左拳向前沖出，拳心向下，拳面向前，高在心位；右拳回胸（圖 4-163）。

4. 火箭穿心 (左弓勢)

右拳向前沖出，拳心向下，拳面向前，高在心位；左拳回胸（圖 4-164）。

圖 4-162

5. 單鋒貫耳 (左弓勢)

左拳向前貫出，拳心向裡，拳面向右，高在耳位；右拳回胸（圖 4-165）。

圖 4-163

圖 4-164

圖 4-165

圖 4-166

6. 單鋒貫耳（左弓勢）

右拳向前貫出，拳心向裡，拳面向左，高在耳位；左拳回胸（圖 4-166）。

圖 4-167

圖 4-168

7. 單鋒貫耳（左弓勢）

左拳向前貫出，拳心向裡，拳面向右，高在耳位；右拳回胸（圖4-167）。

8. 黑虎掏心（左弓勢）

右拳向前掏出，拳心向裡，拳面向上，高在心位；左拳回胸（圖4-168）。

圖 4-169

9. 黑虎掏心（左馬勢）

兩腿變成左馬樁；左拳向前掏出，拳心向裡，拳面向上，高在心位；右拳回胸（圖4-169）。

圖4-170

圖4-171

10. 黑虎掏心（左弓勢）

兩腿變成左弓樁；右拳向前掏出，拳心向裡，拳面向上，高在心位；左拳回胸（圖4-170）。

11. 浪子踢球（右踢勢）

右腳向前正彈，腳尖向前，腳面向上，高在襠位；雙拳協動（圖4-171）。

圖4-172

12. 火箭穿心（右弓勢）

右腿落地，變成右弓樁；右拳向前沖出，拳心向下，拳面向前，高在心位；左拳回胸（圖4-172）。

圖 4-173

圖 4-174

13. 火箭穿心（右弓勢）

左拳向前沖出，拳心向下，拳面向前，高在心位；右拳回胸（圖4-173）。

14. 火箭穿心（右弓勢）

右拳向前沖出，拳心向下，拳面向前，高在心位；左拳回胸（圖4-174）。

15. 單鋒貫耳（右弓勢）

圖 4-175

左拳向前貫出，拳心向裡，拳面向右，高在耳位；右拳回胸（圖4-175）。

圖 4-176

圖 4-177

247

16. 單鋒貫耳（右弓勢）

右拳向前貫出，拳心向裡，拳面向左，高在耳位；左拳回胸（圖 4-176）。

17. 單鋒貫耳（右弓勢）

左拳向前貫出，拳心向裡，拳面向右，高在耳位；右拳回胸（圖 4-177）。

18. 黑虎掏心（右弓勢）

圖 4-178

兩腿變成右馬樁；右拳向前掏出，拳心向裡，拳面向上，高在心位；左拳回胸（圖 4-178）。

圖 4-179

圖 4-180

248

19. 黑虎掏心（右弓勢）

兩腿變成右弓樁；左拳向前掏出，拳心向裡，拳面向上，高在心位；右拳回胸（圖4-179）。

20. 黑虎掏心（右馬勢）

兩腿變成右馬樁；右拳向前掏出，拳心向裡，拳面向上，高在心位；左拳回胸（圖4-180）。

圖 4-181

21. 火磚窩心（左踢勢）

左腿向前蹬出，腳腕勾起，腳尖向上，腳掌向前，高在心位；雙拳協動（圖4-181）。

圖 4-182

圖 4-183

22. 黑狗沖襠（左跪勢）

左腿落地，變成左跪樁；右拳向前沖出，拳心向裡，拳面向下，高在襠位；左拳回胸（圖 4-182）。

23. 黑狗沖襠（右跪勢）

右腿前進一步，變成右跪樁；左拳向前沖出，拳心向裡，拳面向下，高在襠位；右拳回胸（圖 4-183）。

圖 4-184

24. 黑狗沖襠（左跪勢）

左腿前進一步，變成左跪樁；右拳向前沖出，拳心向裡，拳面向下，高在襠位；左拳回胸（圖 4-184）。

圖 4-185

圖 4-186

250

25. 黑狗沖襠（右跪勢）

右腿前進一步，變成右跪樁；左拳向前沖出，拳心向裡，拳面向下，高在襠位；右拳回胸（圖4-185）。

26. 斜踹山門（左踢勢）

左腿向前踹出，腳腕勾出，腳尖向右，腳掌向前，高在心位；雙拳協動（圖4-186）。

圖 4-187

27. 斜踹山門（右踢勢）

右腿向前踹出，腳腕勾出，腳尖向左，腳掌向前，高在心位；雙拳協動（圖4-187）。

圖 4-188

圖 4-189

28. 炮打龍頭（右弓勢）

右腿落地，成右弓樁；右拳向前沖出，拳心向下，拳面向前，高在頭位；左拳回胸（圖 4-188）。

29. 劈頭蓋臉（左弓勢）

左腿前進一步，變成左弓樁；左拳向前蓋出，拳心向右，拳面向下，高在頭位；右拳回胸（圖 4-189）。

30. 炮打龍頭（左弓勢）

右拳向前沖出，拳心向下，拳面向前，高在頭位；左拳回胸（圖 4-190）。

圖 4-190

圖 4-191

圖 4-192

31. 單鋒貫耳（左馬勢）

兩腿變成左馬樁；左拳向前貫出，拳心向裡，拳面向右，高在耳位；右拳回胸（圖4-191）。

32. 炮打龍頭（左弓勢）

兩腿變成左弓樁；右拳向前沖出，拳心向下，拳面向前，高在頭位；左拳回胸（圖4-192）。

圖 4-193

33. 黑虎掏心（左馬勢）

兩腿變成左馬樁；左拳向前掏出，拳心向裡，拳面向上，高在心位；右拳回胸（圖4-193）。

圖 4-194

圖 4-195

34. 炮打龍頭（右弓勢）

右腿前進一步，變成右弓椿；右拳向前沖出，拳心向下，拳面向前，高在頭位；左拳回胸（圖 4-194）。

35. 劈頭蓋臉（右弓勢）

左拳向前蓋出，拳心向右，拳面向下，高在臉位；右拳回胸（圖 4-195）。

36. 炮打龍頭（左弓勢）

圖 4-196

左腿前進一步，變成左弓椿；左拳向前沖出，拳心向下，拳面向前，高在頭位；右拳回胸（圖 4-196）。

圖 4-197

圖 4-198

37. 單鋒貫耳（左弓勢）

右拳向前貫出，拳心向裡，拳面向左，高在耳位；左拳回胸（圖 4-197）。

38. 炮打龍頭（左弓勢）

左拳向前沖出，拳心向下，拳面向前，高在頭位；右拳回胸（圖 4-198）。

39. 黑虎掏心（左弓勢）

圖 4-199

右拳向前掏出，拳心向裡，拳面向上，高在心位；左拳回胸（圖 4-199）。

圖 4-200

圖 4-201

40. 單鋒貫耳（左弓勢）

左拳向前貫出，拳心向裡，拳面向右，高在耳位；右拳回胸（圖 4-200）。

41. 黑虎掏心（左弓勢）

右拳向前掏出，拳心向裡，拳面向上，高在心位；左拳回胸（圖 4-201）。

圖 4-202

42. 劈頭蓋臉（左弓勢）

左拳向前蓋出，拳心向右，拳面向下，高在臉位；右拳回胸（圖 4-202）。

圖 4-203

圖 4-204

43. 黑虎掏心（左弓勢）

右拳向前掏出，拳心向裡，拳面向上，高在心位；左拳回胸（圖4-203）。

44. 單鋒貫耳（左弓勢）

左拳向前貫出，拳心向裡，拳面向右，高在耳位；右拳回胸（圖4-204）。

圖 4-205

45. 劈頭蓋臉（左弓勢）

右拳向前蓋出，拳心向左，拳面向下，高在臉位；左拳回胸（圖4-205）。

圖 4-206

圖 4-207

46. 單鋒貫耳 (左弓勢)

左拳向前貫出，拳心向裡，拳面向右，高在耳位；右拳回胸（圖 4-206）。

47. 火箭穿心 (左弓勢)

右拳向前沖出，拳心向下，拳面向前，高在心位；左拳回胸（圖 4-207）。

48. 大聖蹬爐 (右踢勢)

圖 4-208

右腿向前蹬出，腳腕勾起，腳尖向上，腳掌向前，高與胯齊；雙拳協動（圖 4-208）。

圖 4-209   圖 4-210

49. 黑狗沖襠（右馬勢）

右腿落地，變成右馬椿；右拳向前沖出，拳心向裡，拳面向下，高在襠位；左拳回胸（圖 4-209）。

50. 勾魂破陰（右跪勢）

兩腿變成右跪椿；左拳向前掏出，拳心向裡，拳面向上，高在襠位；右拳回胸（圖 4-210）。

51. 勾魂破陰（左跪勢）

左腿前進一步，變成左跪椿；右拳向前掏出，拳心向裡，拳面向上，高在襠位；左拳回胸（圖 4-211）。

圖 4-211

圖 4-212

圖 4-213

52. 勾魂破陰（右跪勢）

右腿前進一步，變成右跪椿；左拳向前掏出，拳心向裡，拳面向上，高在襠位；右拳回胸（圖 4-212）。

53. 小蛇擺尾（左踢勢）

左腳向前側彈，腳尖向前，腳面向右，高在頭位；雙拳協動（圖 4-213）。

54. 千斤墜地（左震勢）

左腿下落震腳成左馬椿，身向右轉；雙拳同時回胸（圖 4-214）。

圖 4-214

圖 4-215

圖 4-216

55. 裙腿分膝（左踢勢）

左腿向前踹出，腳腕勾起，腳尖向右，腳掌向前，高在膝位；雙拳協動（圖 4-215）。

56. 火箭穿心（左弓勢）

左腿落地成左弓樁；右拳向前沖出，拳心向下，拳面向前，高在心位；左拳回胸（圖 4-216）。

圖 4-217

57. 大聖蹬爐（右踢勢）

右腿向前蹬出，腳腕勾起，腳尖向上，腳掌向前，高與胯齊；雙拳協動（圖 4-217）。

圖 4-218

圖 4-219

58. 火箭穿心（右弓勢）

右腿落地，變成右弓樁；右拳向前沖出，拳心向下，拳面向前，高在心位；左拳回胸（圖 4-218）。

59. 火箭穿心（左弓勢）

左腿前進一步，變成左弓樁；左拳向前沖出，拳心向下，拳面向前，高在心位；右拳回胸（圖 4-219）。

60. 浪子踢球（右踢勢）

右腳向前正彈，腳尖向前，腳面向上，高在襠位；雙拳協動（圖 4-220）。

圖 4-220

圖 4-221

圖 4-222

61. 浪子踢球（左踢勢）

左腳向前正彈，腳尖向
前，腳面向上，高在襠位；雙
拳協動（圖 4-221）。

62. 油錘貫頂（左弓勢）

左腿落地，成左弓樁；右
拳向前蓋出，拳心向裡，拳面
向下，高在頭位；左拳回胸
（圖 4-222）。

圖 4-223

63. 浪子踢球（左踢勢）

左腳向前正彈，腳尖向前，腳面向上，高在襠位；雙拳
協動（圖 4-223）。

圖 4-224

圖 4-225

64. 單鋒貫耳（左弓勢）

左腿落地，成左弓樁；右拳向前貫出，拳心向裡，拳面向左，高在耳位；左拳回胸（圖 4-224）。

65. 斜踹山門（右踢勢）

右腿向前踹出，腳腕勾起，腳尖向左，腳掌向前，高在頭位；雙拳協動（圖 4-225）。

圖 4-226

66. 火箭穿心（右弓勢）

右腿落地，變成右弓樁；右拳向前沖出，拳心向下，拳面向前，高在心位；左拳回胸（圖 4-226）。

圖 4-227

圖 4-228

67. 劈頭蓋臉（左弓勢）

左腿前進一步，變成左弓樁；左拳向前蓋出，拳心向右，拳面向下，高在臉位；右拳回胸（圖 4-227）。

68. 火磚窩心（右踢勢）

右腿向前蹬出，腳腕勾出，腳尖向上，腳掌向前，高在心位；雙拳協動（圖 4-228）。

圖 4-229

69. 浪子踢球（左踢勢）

左腳向前正彈，腳尖向前，腳面向上，高在襠位；雙拳協動（圖 4-229）。

圖 4-230

圖 4-231

70. 油錘貫頂（左弓勢）

左腿落地，變成左弓樁；右拳向前蓋出，拳心向左，拳面向下，高在頭位；左拳回胸（圖 4-230）。

71. 勾魂破陰（左跪勢）

兩腿變成左跪樁；左拳向前掏出，拳心向裡，拳面向上，高在襠位；右拳回胸（圖 4-231）。

圖 4-232

72. 橫掃千鈞（右踢勢）

右腿向前掃出，高在胸位；雙拳協動（圖 4-232）。

圖 4-233

圖 4-234

73. 千斤墜地 （右震勢）

右腿下落震腳，成右馬椿；雙拳同時回胸（圖 4-233）。

74. 炮打龍頭 （右弓勢）

右腳稍進，兩腿變成右弓椿；右拳向前沖出，拳心向下，拳面向前，高在頭位；左拳回胸（圖 4-234）。

圖 4-235

75. 火磚窩心 （左踢勢）

左腿向前蹬出，腳腕勾出，腳尖向上，腳掌向前，高在心位；雙拳協動（圖 4-235）。

圖 4-236

圖 4-237

76. 單鋒貫耳（左弓勢）

左腿落地，成左弓勢；右
拳向前貫出，拳心向裡，拳面
向左，高在耳位；左拳回胸
（圖 4-236）。

77. 斜踹山門（右踢勢）

右腿向前踹出，腳腕勾
起，腳尖向左，腳掌向前，高
在頭位；雙拳協動（圖 4-237）。

圖 4-238

78. 浪子踢球（左踢勢）

左腳向前正彈，腳尖向前，腳面向上，高在襠位；雙拳
協動（圖 4-238）。

79. 千斤墜地（左震勢）

向右轉身，左腿下落震腳，成
左馬樁；雙拳同時回胸（圖4-
239）。

80. 藏鋒斂鍔（左虛勢）

身向左轉，左腿回收，腳尖點
地，變成左虛樁；左前臂伸向胸
前，肘節彎曲，拳高同鼻；右拳回
胸。全套收勢（圖4-240）。

圖4-239

三、太祖征東大戰拳

1. 藏鋒斂鍔（左虛勢）

左腿伸出，腳尖點地，成左虛
樁；左前臂伸向胸前，肘節彎曲，
拳高同鼻；右拳提胸，全套起勢
（圖4-241）。

2. 水蛇伸頭（左踢勢）

左腳向前正彈，腳尖向前，腳
面向上，高在脛位；雙拳協動（圖4-242）。

圖4-240

3. 浪子踢球（右踢勢）

右腳向前正彈，腳尖向前，腳面向上，高在襠位；雙拳

圖 4-241

圖 4-242

269

圖 4-243

圖 4-244

協動（圖 4-243）。

4. 毒彈穿心（左踢勢）

左腳向前正彈，腳尖向前，腳面向上，高在心位；雙拳協動（圖 4-244）。

圖 4-245

圖 4-246

5. 揚蹄踏膝（右踢勢）

右腿向前蹬出，腳腕勾出，腳尖向上，腳掌向前，高在膝位；雙拳協動（圖 4-245）。

6. 火磚窩心（左踢勢）

左腿向前蹬出，腳腕勾起，腳尖向上，腳掌向前，高在心位；雙拳協動（圖 4-246）。

圖 4-247

7. 大聖蹬爐（右踢勢）

右腿向前蹬出，腳腕勾起，腳尖向上，腳掌向前，高與胯齊；雙拳協動（圖 4-247）。

圖 4-248　　　　　　　　圖 4-249

8. 千斤墜地（右震勢）

右腿下落震腳，成右馬椿，身向左轉；雙拳同時回胸（圖 4-248）。

9. 毒彈穿心（左踢勢）

左腳向前正彈，腳尖向前，腳面向上，高在心位；雙拳協動（圖 4-249）。

圖 4-250

10. 小蛇擺尾（右踢勢）

身向左轉，右腳向前側彈，腳尖向前，腳面向左，高在心位；雙拳協動（圖 4-250）。

圖 4-251

圖 4-252

11. 大龍擺尾（左踢勢）

身向右後反轉，左腿倒掃而出，腳跟向外，高在頭位；雙拳協動（圖 4-251）。

12. 千斤墜地（左震勢）

左腿下落震腳，成左馬椿；雙拳同時回胸（圖 4-252）。

圖 4-253

13. 浪子踢球（右踢勢）

右腳向前正彈，腳尖向前，腳面向上，高在襠位；雙拳協動（圖 4-253）。

圖 4-254

圖 4-255

14. 浪子踢球（左踢勢）

左腳向前正彈，腳尖向前，腳面向上，高在襠位；雙拳協動（圖4-254）。

15. 浪子踢球（右踢勢）

右腳向前正彈，腳尖向前，腳面向上，高在襠位；雙拳協動（圖4-255）。

16. 斜踹山門（左踢勢）

圖 4-256

左腿向前踹出，腳腕勾起，腳尖向右，腳掌向前，高在頭位；雙拳協動（圖4-256）。

圖 4-257

圖 4-258

17. 斜踹山門（右踢勢）

右腿向前踹出，腳腕勾起，腳尖向左，腳掌向前，高在頭位；雙拳協動（圖 4-257）。

18. 斜踹山門（左踢勢）

左腿向前踹出，腳腕勾起，腳尖向右，腳掌向前，高在頭位；雙拳協動（圖 4-258）。

圖 4-259

19. 毒彈穿心（右踢勢）

右腳向前正彈，腳尖向前，腳面向上，高在心位；雙拳協動（圖 4-259）。

圖 4-260

圖 4-261

20. 水蛇伸頭（左踢勢）

左腳向前正彈，腳尖向前，腳面向上，高在脛位；雙拳協動（圖 4-260）。

21. 水蛇伸頭（右踢勢）

右腳向前正彈，腳尖向前，腳面向上，高在脛位；雙拳協動（圖 4-261）。

22. 水蛇伸頭（左踢勢）

圖 4-262

左腳向前正彈，腳尖向前，腳面向上，高在脛位；雙拳協動（圖 4-262）。

圖 4-263

圖 4-264

23. 大聖蹬爐 (右踢勢)

右腿向前蹬出,腳腕勾起,腳尖向上,腳掌向前,高與胯齊;雙拳協動(圖 4-263)。

24. 大聖蹬爐 (左踢勢)

左腿向前蹬出,腳腕勾起,腳尖向上,腳掌向前,高與胯齊;雙拳協動(圖 4-264)。

圖 4-265

25. 大聖蹬爐 (右踢勢)

右腿向前蹬出,腳腕勾起,腳尖向上,腳掌向前,高與胯齊;雙拳協動(圖 4-265)。

圖 4-266

圖 4-267

26. 裙腿分膝（左踢勢）

左腿向前踹出，腳腕勾起，腳尖向右，腳掌向前，高在膝位；雙拳協動（圖 4-266）。

27. 裙腿分膝（右踢勢）

右腿向前踹出，腳腕勾起，腳尖向左，腳掌向前，高在膝位；雙拳協動（圖 4-267）。

圖 4-268

28. 裙腿分膝（左踢勢）

左腿向前踹出，腳腕勾起，腳尖向右，腳掌向前，高在膝位；雙拳協動（圖 4-268）。

圖 4-269

圖 4-270

29. 裙腿分膝（右踢勢）

右腿向前踹出，腳腕勾起，腳尖向左，腳掌向前，高在膝位；雙拳協動（圖 4-269）。

30. 小蛇擺尾（左踢勢）

身向右轉，左腳向前側彈，腳尖向前，腳面向右，高在心位；雙拳協動（圖 4-270）。

圖 4-271

31. 大龍擺尾（右踢勢）

身向左後反轉，右腿倒掃而出，腳跟向外，高在頭位；雙拳協動（圖 4-271）。

圖 4-272

圖 4-273

279

32. 橫掃千鈞 （左踢勢）

　　左腿向前正向掃出，高在胸位；雙拳協動（圖4-272）。

33. 大龍擺尾 （右踢勢）

　　身向左後反轉，右腿倒掃而出，腳跟向外，高在頭位；雙拳協動（圖4-273）。

圖 4-274

34. 千斤墜地 （右震勢）

　　右腿下落震腳，成右馬樁；雙拳同時回胸（圖4-274）。

圖 4-275

圖 4-276

35. 橫掃千鈞（左踢勢）

左腿向前正向掃出，高在胸位；雙拳協動（圖 4-275）。

36. 橫掃千鈞（右踢勢）

右腿向前正向掃出，高在胸位；雙拳協動（圖 4-276）。

圖 4-277

37. 大龍擺尾（左踢勢）

身向右後反轉，左腿倒掃而出，腳跟向外，高在頭位；雙拳協動（圖 4-277）。

圖 4-278

圖 4-279

281

38. 千斤墜地 （左震勢）

左腿下落震腳，成左馬椿；雙拳同時回胸（圖 4-278）。

39. 毒彈穿心 （右踢勢）

右腳向前正彈，腳尖向前，腳面向上，高在心位；雙拳協動（圖 4-279）。

40. 揚蹄踏膝 （左踢勢）

圖 4-280

左腿向前蹬出，腳腕勾起，腳尖向上，腳掌向前，高在膝位；雙拳協動（圖 4-280）。

圖 4-281

圖 4-282

41. 大聖蹬爐（右踢勢）

右腿向前蹬出，腳腕勾起，腳尖向上，腳掌向前，高與胯齊；雙拳協動（圖 4-281）。

42. 揚蹄踏膝（左踢勢）

左腿向前蹬出，腳腕勾起，腳尖向上，腳掌向前，高在膝位；雙拳協動（圖 4-282）。

圖 4-283

43. 斜踹山門（右踢勢）

右腿向前踹出，腳腕勾起，腳尖向左，腳掌向前，高在心位；雙拳協動（圖 4-283）。

圖 4-284

圖 4-285

44. 揚蹄踏膝（左踢勢）

左腿向前蹬出，腳腕勾起，腳尖向上，腳掌向前，高在膝位；雙拳協動（圖4-284）。

45. 浪子踢球（右踢勢）

右腳向前正彈，腳尖向前，腳面向上，高在襠位；雙拳協動（圖4-285）。

圖 4-286

46. 揚蹄踏膝（左踢勢）

左腿向前蹬出，腳腕勾起，腳尖向上，腳掌向前，高在膝位；雙拳協動（圖4-286）。

圖 4-287　　　　　　　　　圖 4-288

47. 浪子踢球（右踢勢）

右腳向前正彈，腳尖向前，腳面向上，高在襠位；雙拳協動（圖 4-287）。

48. 斜踹山門（左踢勢）

左腳向前踹出，腳腕勾起，腳尖向右，腳掌向前，高在心位；雙拳協動（圖 4-288）。

圖 4-289

49. 浪子踢球（右踢勢）

右腳向前正彈，腳尖向前，腳面向上，高在襠位；雙拳協動（圖 4-289）。

圖 4-290

圖 4-291

50. 火磚窩心（左踢勢）

左腿向前蹬出，腳腕勾起，腳尖向上，腳掌向前，高在心位；雙拳協動（圖 4-290）。

51. 火磚窩心（右踢勢）

右腿向前蹬出，腳腕勾起，腳尖向上，腳掌向前，高在心位；雙拳協動（圖 4-291）。

52. 斜踹山門（左踢勢）

左腿向前踹出，腳腕勾起，腳尖向右，腳掌向前，高在心位；雙拳協動（圖 4-292）。

圖 4-292

圖 4-293　　　　　　　　圖 4-294

53. 火磚窩心（右踢勢）

右腿向前蹬出，腳腕勾起，腳尖向上，腳掌向前，高在心位；雙拳協動（圖 4-293）。

54. 火磚窩心（左踢勢）

左腿向前蹬出，腳腕勾起，腳尖向上，腳掌向前，高在心位；雙拳協動（圖 4-294）。

55. 橫掃千鈞（右踢勢）

右腿向前正向掃出，高在胸位；雙拳協動（圖 4-295）。

圖 4-295

圖 4-296

圖 4-297

56. 浪子踢球（左踢勢）

左腳向前正彈，腳尖向前，腳面向上，高在襠位；雙拳協動（圖4-296）。

57. 二起飛彈（右飛勢）

左腿收回，腳不落地，順勢起跳，帶動右腳，前正飛彈，腳尖向前，腳面向上；雙拳協動（圖4-297）。

58. 二起飛彈（左飛勢）

圖 4-298

兩腿落地後，再次起跳，飛出左腳，向前正彈，腳尖向前，腳面向上；雙拳協動（圖4-298）。

圖 4-299

圖 4-300

288

59. 毒彈穿心（右踢勢）

兩腿落地，即出右腳向前正彈，腳尖向前，腳面向上，高在心位；雙拳協動（圖 4-299）。

60. 浪子踢球（左踢勢）

左腳向前正彈，腳尖向前，腳面向上，高在襠位；雙拳協動（圖 4-300）。

圖 4-301

61. 毒彈穿心（右踢勢）

右腳向前正彈，腳尖向前，腳面向上，高在心位；雙拳協動（圖 4-301）。

圖 4-302

圖 4-303

62. 浪子踢球（左踢勢）

左腳向前正彈，腳尖向前，腳面向上，高在襠位；雙拳協動（圖 4-302）。

63. 小蛇擺尾（右踢勢）

身向左轉，同時右腳向前側彈，腳尖向前，腳面向左，高在心位；雙拳協動（圖 4-303）。

圖 4-304

64. 毒彈穿心（左踢勢）

左腳向前正彈，腳尖向前，腳面向上，高在心位；雙拳協動（圖 4-304）。

圖 4-305　　　　　　　　　圖 4-306

65. 火磚窩心（右踢勢）

右腿向前蹬出，腳腕勾起，腳尖向上，腳掌向前，高在心位；雙拳協動（圖 4-305）。

66. 斜踹山門（左踢勢）

左腿向前踹出，腳腕勾起，腳尖向右，腳掌向前，高在心位；雙拳協動（圖 4-306）。

圖 4-307

67. 火磚窩心（右踢勢）

右腿向前蹬出，腳腕勾起，腳尖向上，腳掌向前，高在心位；雙拳協動（圖 4-307）。

圖 4-308

圖 4-309

291

68. 千斤墜地（右震勢）

右腿下落震腳，成右馬椿，身向左轉；雙拳同時回胸（圖 4-308）。

69. 天狗撒尿（右飛勢）

兩腿同時起跳，身在空中，飛出右腳，向前踹出，腳腕勾起，腳尖向左，腳掌向前；雙拳協動（圖 4-309）。

圖 4-310

70. 千斤墜地（右震勢）

右腿下落震腳，成右馬椿；雙拳同時回胸（圖 4-310）。

圖 4-311

圖 4-312

292

71. 天狗撒尿（右飛勢）

兩腿同時起跳，身在空中，飛出右腳，向前踹出，腳腕勾起，腳尖向左，腳掌向前；雙拳協動（圖4-311）。

72. 千斤墜地（右震勢）

右腿下落震腳，成右馬椿；雙拳同時回胸（圖4-312）。

圖 4-313

73. 飛龍舔舌（右飛勢）

身向左轉，兩腿同時起跳，身在空中，飛出右腳，向前正彈，腳面向上，腳尖向前；雙拳協動（圖4-313）。

圖 4-314

圖 4-315

293

74. 千斤墜地（右震勢）

右腿下落震腳，成右馬
樁，身向左轉；雙拳同時回胸
（圖 4-314）。

75. 南天蹬門（右飛勢）

身向左轉，兩腿同時起
跳，身在空中，飛出右腳，向
前蹬出，腳腕勾起，腳尖向
上，腳掌向前；雙拳協動（圖 4-315）。

圖 4-316

76. 千斤墜地（右震勢）

右腿下落震腳，成右馬樁，身向左轉；雙拳同時回胸
（圖 4-316）。

77. 水蛇伸頭（左踢勢）

左腳向前正彈，腳尖向前，腳面向上，高在脛位；雙拳協動（圖 4-317）。

78. 浪子踢球（右踢勢）

右腳向前正彈，腳尖向前，腳面向上，高在襠位；雙拳協動（圖 4-318）。

79. 毒彈穿心（左踢勢）

左腳向前正彈，腳尖向前，腳面向上，高在心位；雙拳協動（圖 4-319）。

圖 4-317

80. 藏鋒斂鍔（左虛勢）

左腿回收，腳尖點地，變成左虛椿；左前臂伸向胸前，肘節彎曲，拳高同鼻，右拳回胸。全套收勢（圖 4-320）。

四、太祖平西大戰拳

1. 藏鋒斂鍔（左虛勢）

左腿伸出，腳尖點地，成左虛椿；左前臂伸向胸前，肘節彎曲，拳高同鼻；右拳提胸。全

圖 4-318

圖 4-319

圖 4-320

295

圖 4-321

圖 4-322

套起勢（圖 4-321）。

2. 裙腿分膝（左踢勢）

左腿向前踹出，腳腕勾起，腳尖向右，腳掌向前，高在膝位；雙拳協動（圖 4-322）。

圖 4-323

圖 4-324

3. 浪子踢球（右踢勢）

右腳向前正彈，腳尖向前，腳面向上，高在襠位；雙拳協動（圖 4-323）。

4. 炮打龍頭（右弓勢）

右腳落地，成右弓樁；右拳向前沖出，拳心向下，拳面向前，高在頭位；左拳回胸（圖 4-324）。

圖 4-325

5. 鐵臂架樑（右馬勢）

兩腿變成右馬樁；右前臂向頭正上提擺，肘節彎曲，前臂橫平，拳部在左（圖 4-325）。

圖 4-326

圖 4-327

297

6. 斜踹山門（右踢勢）

　　右腿向前踹出，腳腕勾
起，腳尖向左，腳掌向前，高
在頭位；雙拳協動（圖 4-
326）。

7. 下勢開肘（右虛勢）

　　右腳落地，成右虛勢；右
臂肘節伸直，向右胯外落擺，
拳部在下；左拳回胸（圖 4-327）。

圖 4-328

8. 黑狗沖襠（右弓勢）

　　兩腿變成右弓樁；左拳向前沖出，拳心向裡，拳面向
下，高在襠位（圖 4-328）。

圖 4-329

圖 4-330

298

9. 小蛇擺尾（左踢勢）

左腳向前側彈，腳尖向前，腳面向右，高在心位；雙拳協動（圖4-329）。

10. 立馬橫棍（左馬勢）

左腳落地，成左馬樁；左前臂向腹前位落擺，肘節彎曲，前臂橫平，拳部在右（圖4-330）。

圖 4-331

11. 炮打龍頭（左弓勢）

左腳稍進，兩腿變成左弓樁；右拳向前沖出，拳心向下，拳面向前，高在頭位；左拳回胸（圖4-331）。

圖 4-332

圖 4-333

12. 毒彈穿心（右踢勢）

右腳向前正彈，腳尖向前，腳面向上，高在襠位；雙拳協動（圖 4-332）。

13. 斜踹山門（左踢勢）

左腿向前踹出，腳腕勾起，腳尖向右，腳掌向前，高在心位；雙拳協動（圖 4-333）。

圖 4-334

14. 千斤墜地（左震勢）

左腿下落震腳成左馬樁，身向右轉；雙拳同時回胸（圖 4-334）。

圖 4-335

圖 4-336

15. 鶴翅單展（左馬勢）

兩腿變成左馬椿；左前臂
向頭左外提擺，肘節彎曲，前
臂豎直，拳部在上；右拳收放
左胸側，拳心向上，拳面向前
（圖 4-335）。

16. 橫掃千鈞（右踢勢）

右腿向前正向掃出，高在
胸位；雙拳協動（圖 4-336）。

圖 4-337

17. 大龍擺尾（左踢勢）

身向右後反轉，左腿倒掃而出，腳跟向外，高在頭位；
雙拳協動（圖 4-337）。

圖 4-338

圖 4-339

301

18. 炮打龍頭（左弓勢）

左腳落地，成左弓椿；左拳向前沖出，拳心向下，拳面向前，高在頭位；右拳回胸（圖 4-338）。

19. 紅臉照鏡（左馬勢）

兩腿變成左馬椿；左前臂向臉右側轉擺，肘節彎曲，前臂豎直，拳部在上（圖 4-339）。

圖 4-340

20. 斜踹山門（左踢勢）

左腿向前踹出，腳腕勾起，腳尖向右，腳掌向前，高在心位；雙拳協動（圖 4-340）。

圖 4-341

圖 4-342

302

21. 千斤墜地（左震勢）

左腿下落震腳，成左馬椿；身向右轉；雙拳同時回胸（圖4-341）。

22. 鐵臂架樑（左馬勢）

兩腿變成左馬椿；左前臂向頭正上提擺，肘節彎曲，前臂橫平，拳部在右（圖4-342）。

圖 4-343

23. 火箭穿心（左弓勢）

兩腿變成左弓椿；右拳向前沖出，拳心向下，拳面向前，高在心位；左拳回胸（圖4-343）。

圖 4-344

圖 4-345

24. 浪子踢球（右踢勢）

右腳向前正彈，腳尖向前，腳面向上，高在襠位；雙拳協動（圖 4-344）。

25. 鶴翅單展（右馬勢）

右腿落地，成右馬樁；右前臂向頭右外提擺，肘節彎曲，前臂豎直，拳部在上；左拳收放左胸側，拳心向上，拳面向前（圖 4-345）。

圖 4-346

26. 單鋒貫耳（右弓勢）

右腳稍進，兩腿變成右弓樁；左拳向前貫出，拳心向裡，拳面向右，高在耳位；右拳回胸（圖 4-346）。

圖 4-347

圖 4-348

304

27. 火磚窩心（左踢勢）

左腿向前蹬出，腳腕勾起，腳尖向上，腳掌向前，高在心位；雙拳協動（圖 4-347）。

28. 火磚窩心（右踢勢）

右腿向前蹬出，腳腕勾起，腳尖向上，腳掌向前，高在心位；雙拳協動（圖 4-348）。

圖 4-349

29. 火磚窩心（左踢勢）

左腿向前蹬出，腳腕勾起，腳尖向上，腳掌向前，高在心位；雙拳協動（圖 4-349）。

圖 4-350

圖 4-351

30. 膀手滾肘（左虛勢）

左腿落地，成左虛樁；左前臂向胸右提擺，肘節彎曲裡擰，拳部在下；右拳回胸（圖4-350）。

31. 炮打龍頭（左弓勢）

左腳稍進，兩腿變成左弓樁；右拳向前沖出，拳心向下，拳面向前，高在頭位；左拳回胸（圖4-351）。

32. 浪子踢球（右踢勢）

右腳向前正彈，腳尖向前，腳面向上，高在襠位；雙拳協動（圖4-352）。

圖 4-352

圖 4-353　　　　　　　　　　圖 4-354

33. 浪子踢球（左踢勢）

左腳向前正彈，腳尖向前，腳面向上，高在襠位；雙拳協動（圖 4-353）。

34. 黑狗沖襠（左跪勢）

左腳落地，兩腿成左跪樁；右拳向前沖出，拳心向裡，拳面向下，高在襠位；左拳回胸（圖 4-354）。

圖 4-355

35. 裙腿分膝（右踢勢）

右腿向前踹出，腳腕勾起，腳尖向左，腳掌向前，高在膝位；雙拳協動（圖 4-355）。

圖 4-356

圖 4-357

36. 大聖蹬爐（左踢勢）

左腿向前蹬出，腳腕勾起，腳尖向上，腳掌向前，高與胯齊；雙拳協動（圖 4-356）。

37. 油錘貫頂（左弓勢）

左腳落地，兩腿成左弓椿；右拳向前貫出，拳心向裡，拳面向左，高在耳位；左拳回胸（圖 4-357）。

38. 勾魂破陰（左弓勢）

左拳向前掏出，拳心向裡，拳面向上，高在襠位；右拳回胸（圖 4-358）。

圖 4-358

N

圖 4–359

圖 4–360

39. 橫掃千鈞（右踢勢）

右腿向前正向掃出，高在胸位；雙拳協動（圖 4–359）。

40. 大龍擺尾（左踢勢）

身向右後反轉，左腿倒掃而出，腳跟向外，高在頭位；雙拳協動（圖 4–360）。

圖 4–361

41. 千斤墜地（左震勢）

左腿下落震腳，成左馬樁；雙拳同時回胸（圖 4–361）。

圖 4-362

圖 4-363

42. 炮拳雙響（左弓勢）

身向左轉，左腳稍進，兩腿變成左弓樁；雙拳向前沖出，拳心皆向下，拳面皆向前，臂高同肩（圖 4-362）。

43. 火磚窩心（右踢勢）

右腿向前蹬出，腳腕勾起，腳尖向上，腳掌向前，高在心位；雙拳協動（圖 4-363）。

44. 雙鋒貫耳（右弓勢）

右腳落地，兩腿變成右弓樁；雙拳向前貫出，左拳面向右，右拳面向左，拳心皆向裡；高在耳位（圖 4-364）。

圖 4-364

圖 4-365

圖 4-366

45. 火磚窩心（左踢勢）

左腿向前蹬出，腳腕勾起，腳尖向上，腳掌向前，高在心位；雙拳協動（圖 4-365）。

46. 紅臉照鏡（左馬勢）

左腳落地，兩腿成左馬樁；左前臂向臉右側轉擺，肘節彎曲，前臂豎直，拳部在上；右拳回胸（圖 4-366）。

圖 4-367

47. 轟天震地（左弓勢）

左腿稍進，變成左弓樁；雙拳齊出，左拳在下，向前掏出，拳心在裡，拳面向上，高在襠位；右拳在上，向前沖出，拳心向下，拳面向前，高在頭位（圖 4-367）。

圖 4-368

圖 4-369

48. 轟天震地（右弓勢）

　　右腿前進一步，變成右弓樁；雙拳齊出，右拳在下，向前掏出，拳心在裡，拳面向上，高在襠位；左拳在上，向前沖出，拳心向下，拳面向前，高在頭位（圖4-368）。

49. 毒彈穿心（左踢勢）

　　左腳向前正彈，腳尖向前，腳面向上，高在心位；雙拳協動（圖4-369）。

50. 浪子踢球（右踢勢）

　　右腳向前正彈，腳尖向前，腳面向上，高在襠位；雙拳協動（圖4-370）。

圖 4-370

圖 4-371

圖 4-372

312

51. 二起飛彈（左飛勢）

右腿收回，腳不落地，順勢起跳，帶動左腿，前正飛彈，腳尖向前，腳面向上；雙拳協動（圖 4-371）。

52. 二起飛彈（右飛勢）

兩腿落地後，再次起跳，飛出右腳，向前正彈，腳尖向前，腳面向上；雙拳協動（圖 4-372）。

圖 4-373

53. 破腸瀉肚（右馬勢）

兩腿落地成右馬樁；右拳向前沖出，拳心向下，拳面向前，高在肚位；左拳回胸（圖 4-373）。

圖 4-374

圖 4-375

54. 單鋒貫耳（右弓勢）

右腳稍進，兩腿變成右弓椿；左拳向前貫出，拳心向裡，拳面向右，高在耳位；右拳回胸（圖4-374）。

55. 勾魂破陰（右跪勢）

兩腿變成右跪椿；右拳向前掏出，拳心向裡，拳面向上，高在襠位；左拳回胸（圖4-375）。

圖 4-376

56. 炮打龍頭（右弓勢）

兩腿變成右弓椿；左拳向前沖出，拳心向下，拳面向前，高在頭位；右拳回胸（圖4-376）。

圖 4-377

圖 4-378

57. 水蛇伸頭（左踢勢）

左腳向前正彈，腳尖向前，腳面向上，高在脛位；雙拳協動（圖 4-377）。

58. 揚蹄踏膝（右踢勢）

右腿向前蹬出，腳腕勾起，腳尖向上，腳掌向前，高在膝位；雙拳協動（圖 4-378）。

圖 4-379

59. 裙腿分膝（左踢勢）

左腿向前踹出，腳腕勾起，腳尖向右，腳掌向前，高在膝位；雙拳協動（圖 4-379）。

圖 4-380

圖 4-381

315

60. 浪子踢球（右踢勢）

右腳向前正彈，腳尖向前，腳面向上，高在襠位；雙拳協動（圖 4-380）。

61. 下勢開肘（右虛勢）

右腳落地，成右虛樁；右臂肘節伸直，向右胯外落擺，拳部在下；左拳回胸（圖 4-381）。

圖 4-382

62. 天狗撒尿（右飛勢）

兩腿同時起跳，身在空中，飛出右腳，向前踹出，腳腕勾起，腳尖向左，腳掌向前；雙拳協動（圖 4-382）。

圖 4-383

圖 4-384

316

63. 千斤墜地（右震勢）

右腿下落震腳成右馬樁；
雙拳同時回胸（圖 4-383）。

64. 水蛇伸頭（左踢勢）

身向右轉；左腳向前正
彈，腳尖向前，腳面向上，高
在脛位；雙拳協動（圖 4-
384）。

65. 南天蹬門（右飛勢）

圖 4-385

兩腿同時起跳，身在空中，飛出右腳，向前蹬出，腳腕
勾起，腳尖向上，腳掌向前；雙拳協動（圖 4-385）。

圖 4-386

圖 4-387

66. 立馬橫棍（右馬勢）

兩腿落地，成右馬樁；右前臂向腹前位落擺，肘節彎曲，前臂橫平，拳部在左；左拳回胸（圖 4-386）。

67. 橫掃千鈞（左踢勢）

左腿向前正向掃出，高在胸位；雙拳協動（圖 4-387）。

68. 大龍擺尾（右踢勢）

317

圖 4-388

身向左後反轉；右腿倒掃而出，腳跟向外，高在頭位；雙拳協動（圖 4-388）。

圖 4-389

圖 4-390

69. 斜踹山門（左踢勢）

左腿向前踹出，腳腕勾起，腳尖向右，腳掌向前，高在心位；雙拳協動（圖 4-389）。

70. 毒彈穿心（右踢勢）

右腳向前正彈，腳尖向前，腳面向上，高在心位；雙拳協動（圖 4-390）。

圖 4-391

71. 鐵臂架樑（右虛勢）

右腿落地，成右虛椿；右前臂向頭正上提擺，肘節彎曲，前臂橫平，拳部在左；左拳回胸（圖 4-391）。

圖 4-392

圖 4-393

72. 立馬橫棍（右馬勢）

　　兩腿變成右馬樁；右前臂向腹前位落擺，肘節彎曲，前臂橫平，拳部在左（圖4-392）。

73. 鶴翅單展（右馬勢）

　　右前臂向頭右外提擺，肘節彎曲，前臂豎直，拳部在上（圖4-393）。

圖 4-394

74. 紅臉照鏡（右馬勢）

　　右前臂向臉左側轉擺，肘節彎曲，前臂豎直，拳部在上（圖4-394）。

圖 4-395　　　　　　　　　　圖 4-396

320

75. 浪子踢球（左踢勢）

左腳向前正彈，腳尖向
前，腳面向上，高在襠位；雙
拳協動（圖 4-395）。

76. 炮打龍頭（左弓勢）

左腳落地，兩腿成左弓
椿；右拳向前沖出，拳心向
下，拳面向前，高在頭位；左
拳回胸（圖 4-396）。

圖 4-397

77. 浪子踢球（右踢勢）

右腳向前正彈，腳尖向前，腳面向上，高在襠位；雙拳
協動（圖 4-397）。

圖 4-398

圖 4-399

78. 浪子踢球（左踢勢）

左腳向前正彈，腳尖向前，腳面向上，高在襠位；雙拳協動（圖 4-398）。

79. 千斤墜地（左震勢）

左腿下落震腳，成左馬樁；身向右轉；雙拳同時回胸（圖 4-399）。

80. 鳥盡弓藏（正立勢）

圖 4-400

左腿合併右腿，膝節伸直，頭身歸正。全套收勢（圖 4-400）。

少林正宗太祖拳法

322

第五章

太祖拳秘傳硬氣功

>>>>>>>>>>>>>>>>>>>>>>>>>>>>>>>>>

　　拳諺講：「練拳不練功，到老一場空。」太祖拳非常注重功夫，以功夫作為拳技根本。其功法以氣功為母，以硬功為用，內外兼修，相輔相成。

第一節　丹田混元氣

　　丹田混元氣功，是太祖拳之母功，一切功法皆以此為基礎，此功不成，餘也難成。其歌訣：「混元氣裡有神奇，萬兩黃金買不去。練功先練丹田功，太祖功夫它第一。」其特點以靜為主，以動為輔，主求丹田內氣，兼得腰力內勁。

　　「先天元氣生丹田，師傳秘法來修煉。調動先天真元氣，再加後天成混元。」元氣是人生來就有的，故稱先天元氣，它來源於父母，由先天之精生化而來，是人體生命的原始動力。

　　「太祖氣功有秘傳，練門選在下丹田」。太祖氣功首從丹田練起，因為丹田是「先天之本」「元氣之根」。

　　「太祖丹田是一片，不是穴位不是點，上至臍位下至陰，丹田位在兩中間」。此處有命門穴、氣海穴、會陰穴等

人體大穴,有任脈、督脈、沖脈、帶脈等經脈聚匯,有腎、腎上腺、生殖系統、肝、腸、膀胱等重要器官,有大量的植物神經和神經節,能生氣存氣,故把丹田作為氣功練門。

「練成後天混元氣,瘦子也能倒嵩山」。丹田混元氣是指在人體元氣的基礎上,由練功獲得的一種內氣,首先產生於丹田,故稱「丹田混元氣」,隨人意念指揮,受人精神影響,可以運行於體內,和人呼吸之氣(後天氣)連帶甚密。此氣是一種集中的內在動能,具有強大的能量,猶如炸彈的火藥。一旦練成,運到勁節,通過勁節,可以產生驚人的勁力。

一、站丹田(朝佛勢)

正身直立,面向前方,兩腿併齊伸直,腳尖自然外分。雙臂彎曲,雙手合十,掌心相對,掌指向上,高在鼻位,兩眼睜開,向前平視。雙唇閉住,牙齒相合,舌抵上腭。此勢稱作「朝佛勢」,是太祖拳行功練氣最常用的姿勢。全身肌肉放鬆,然後排除雜念,專心練氣(圖5-1)。

練氣之法,由呼吸入手。吸氣時,心念守住丹田,意感有氣緩緩進入並慢慢充潤整個丹田;呼氣時,心念仍存丹田,而不作想像。呼吸用鼻,深長勻細。此呼吸法,是順呼吸,吸氣時腹部自然鼓起,呼氣時,腹部自然回收。「丹田混

圖5-1

元氣」所有行功，皆用此法。

練氣要訣：「行功練氣三要領，講給門人仔細聽。一要肌肉來放鬆，周身緊張氣難通。二要思想來入靜，精神混亂氣亂行。三要呼吸深而勻，出入勿忙氣不停。三要缺一也不可，百練混元氣自成。」

練功不幾日，丹田之處會產生一種溫熱感，似有微動，似有物生，此乃丹田混元氣初萌之狀。但不可執著，不可強求，似有似無，隨其自然。如此秘法，正確習之，一般百日後，丹田混元氣萌生，凝聚漸漸充盈，久而久之，鼻只一吸，心念一到丹田，混元氣即至，此功大成。

二、蹲丹田（馬步勢）

雙腿成馬步樁，膝節彎曲。頭正脊直，睜眼平視。雙掌合十，掌指向上，高在鼻位。全身放鬆，不可彎拙緊張。排除雜念，聚精會神，意守丹田。閉唇合齒，舌抵上腭，用鼻呼吸練氣，練法及要領皆同「站丹田」（圖5-2）。

此勢是「站丹田」之進勢，功量加大了。但要循序漸進，初習時，膝節稍屈即可，功深後再加大幅度。

三、坐丹田（端坐勢）

上身正直，雙目平視，端坐椅上，全身放鬆。雙掌合十，掌指向上，位高在鼻。思想集中，排除雜念，意守丹田。閉口合齒，舌抵上

圖5-2

腭，用鼻呼吸練氣。其練法和要領同「站丹田」。

此勢為站丹田之輔勢，適合體弱者。

四、臥丹田（仰臥勢）

仰臥床上，身體正直，全身放鬆。雙眼閉上，也可睜開。雙掌合十，也可放於其他處。精神集中，排除雜念，意守丹田。閉口合齒，舌抵上腭，用鼻呼吸。其練法同「站丹田」。

此勢也是站丹田之輔勢，睡前或醒後，加習片刻，有助長功。也可專練。

五、貫丹田（順氣勢）

身體直立，兩腿併齊伸直，雙掌合十，掌指向上，高在鼻位，閉口合齒，舌抵上腭，雙目平視，即站丹田朝佛勢。全身放鬆，心意入靜，然後練氣。

由鼻吸氣一口，同時雙掌向下推按，動作要慢，按至丹田處即停，兩臂適曲，掌心向下，掌指相對。吸氣要深長勻細，意念守住丹田，感覺氣隨手按並慢慢充潤整個丹田（圖5-3）。

呼氣時，意念仍存丹田，雙掌收歸原位。如此反覆練習。手動意隨，意到氣到，丹田貫注，自有其妙。

此法與下勢「扭丹田」「壓丹田」「開丹田」「揉丹田」「走丹

圖5-3

田」同屬動練氣，上述「站丹田」「坐丹田」「蹲丹田」「臥丹田」屬靜練氣。而動練氣是在靜練氣的基礎上加些動作，以強化意念，提高氣感，還能通關蕩滯，強筋壯肌，增功助力。如此內外結合，相得益彰。

動練氣要訣：「丹田開功靜練氣，再用動法加把力。動作千萬別慌張，緩慢柔和不著急。」

外動而內靜，動作與呼吸、意念要協調一致，動作要自然，起得穩，練得穩，收得穩。

六、扭丹田（側扭勢）

先做好預備勢：身正直立，兩腿伸直併齊，雙掌合十，高在鼻位，意念守住丹田，思想集中，全身放鬆，即「朝佛勢」。眼向前平視，閉住嘴唇，牙關相合，舌抵上腭，用鼻呼吸。

當氣吸滿後，身體即開始動作，側扭腰節，帶動肩背，但臉向不動，眼依然平視前方。手形不變，樁形不變。同時用鼻呼氣，意念仍存丹田。先向左復向右，或先向右復向左，順序自便（圖5-4）。

呼完後，仍回歸原預備勢，再行扭動。收勢過程中，即行吸氣，回到原位時正好吸滿。如此反覆練習。動作要緩，呼吸要慢，意念要淡。外動和意念及呼吸要協調自然，沉穩平和。

圖 5-4

圖 5-5 　　　　　 圖 5-6 　　　　　 圖 5-7

七、壓丹田（鞠躬勢）

　　先做好預備勢：身正直立，兩腿伸直併齊，雙掌合十，高在鼻位，眼向前平視，閉住嘴唇，牙關相合，舌抵上腭，用鼻呼吸，全身放鬆，思想集中，意念守住丹田，即「站丹田朝佛勢」。

　　當氣吸滿後，身體即開始動作，向前探背，腹臀後送，下頦隨抬，但面向不變，眼依然向前平視，手型不變，樁型不變，同時用鼻呼氣，意念仍存丹田（圖 5-5）。

　　呼完後，收歸腰節，回原靜勢。收勢過程中，即開始吸氣，回到預備勢時正好吸滿，接著反覆練習。動作要緩慢柔和，不能猛烈急促。

八、開丹田（後仰勢）

　　先做好預備勢：身正直立，兩腿伸直併齊，雙掌合十，

高在鼻位，眼向前平視，閉住嘴唇，牙關相合，舌抵上腭，用鼻呼吸，全身放鬆，思想集中，意念守住丹田，即「朝佛勢」。

當氣吸滿後，身體即開始動作，向後仰背，腹臀前送，但頭節向前勾曲，而不後仰，眼依然向前平視，手形不變，樁形不變，同時用鼻呼氣，意念仍存丹田（圖5-6）。

呼完後，收歸預備勢，再行練習。收勢時即行吸氣，回到原位時正好吸滿，如此反覆練習。

九、揉丹田（掌蓋勢）

身正直立，兩腿併齊伸直，雙掌相壓，掌心蓋住丹田，掌指橫平。左掌壓右掌，或右掌壓左掌，可以自便（圖5-7）。

然後呈圓形揉動，先向左或先向右，互換揉動，各揉數十圈，多多益善。如此可以調動真元，生精益氣。

練功時，全身放鬆，心念集中，呼吸均勻，意守丹田，內外結合，緩緩習之。不可太輕，也不可太重，輕重要適當，更不能亂揉一通。

十、走丹田（散步勢）

身正頭平，眼光平視，全身放鬆，思想集中，意念仍存丹田，呼吸細勻，而後緩緩行走。如平常走步，可直走，可走圓。

此功是一種練功法，隨意練之，有助長功。又是一種收功法，在練本功後，用此法可以卸火通經，舒筋順氣，常用有大益處，不要輕視。

「丹田混元氣」是一種武功，旨在積聚內氣內能，為高層絕藝打下根基。又可用於治病保健，對於神經、腦力、肺臟、腸胃、腎臟、性功能等有很大的強壯作用。但作為內功，一樣的練法，各人體質、心志不同，必然產生不同的內景、功效等，還可能因對功法不了解而出現偏差，所以，學者一定要吃透功法，方可使用。

第二節　大力金剛手

大力金剛手，是太祖拳的絕技，屬陽剛之勁，重在傷人，數年純功即可開磚斷石。共分兩種，一種拳功，一種掌功，其歌訣：「太祖大力金剛手，趙門神功世罕有，鐵手一發奪人命，功成江湖任意走，運氣發氣正宗藝，苦練硬功稱魁首，拳似油錘掌如刀，不遇狂賊不出手。」

一、開　功

無論金剛掌，還是金剛錘，練功時必先開功，即做好準備，這樣易於長功，免於受傷。

練習運氣功之前，必先做「貫丹田順氣勢」：身正直立，兩腿併齊伸直，雙掌合十，掌指向上，高在鼻位，閉口合齒，舌抵上腭，雙目平視，全身放鬆，心意入靜。然後由鼻吸氣一口，同時雙掌向下推按，動作要慢，按至丹田處即停，兩臂適曲，掌心向下，掌指相對。吸氣要深長勻細，意念守住丹田，感覺氣隨手按並慢慢充潤整個丹田；呼氣時，意念仍存丹田，雙掌收歸原位。如此做上幾十下，以調動內氣，積聚備用。

　　練習硬功之前，必先做「活手功」，其練法：一手握拿另手，用力揉搓，使其發熱發脹，然後扭指、挺掌、活腕、緊拳等，可伸筋拔骨，活潑氣血，以承力受硬。

　　開功時要選擇安靜舒適的環境，避驚避急，性交後、病時、有事、饑餓、多酒、生氣、過疲，切忌練功。

二、運　氣

　　運氣歌訣：「混元內氣已大成，再練秘法運氣功，先吸後呼是要竅，先聚後走是要領，吸時心守丹田處，呼時意隨內氣動，運氣千萬不能快，快則氣散白練空，心領意引一路走，哪裡需要哪裡停，打通道路氣方順，百練功純自通靈。」開功後，丹田充盈，內氣發動，即行運氣。

1. 推氣勢

　　【預備勢】：身正直立，眼平前視，雙腿併齊伸直，雙掌合十，高在鼻位，舌抵上腭，閉唇合齒，用鼻吸氣，意念守住丹田，覺氣緩緩充盈丹田。

　　當氣吸滿後，雙手向前緩緩平行推出，手為掌型，五指張開，掌指斜指向上，掌心向前，臂同肩平。用鼻呼氣，意想丹田內氣緩緩上提通臂並漸漸貫注於雙手。至臂直時，正好呼完，然後收歸預備勢，收回時吸氣，回到原位，正好吸滿。如此反覆練習（圖5-8）。

圖 5-8

眼要炯起，平視不變，牙關咬緊！這樣可以加強意念，提神增氣，雙臂肌肉不能緊張，雙肩必須鬆沉！肩緊則氣滯，內氣不通。手臂要伸直，不能彎曲！手臂彎曲，則氣停，不宜通氣。椿型不變，雙膝要伸直，不能彎曲！膝節伸直，旨在專修丹田，單靠腰力，不使腿勁，以利調氣。下頜後收，

圖 5-9

胸要內含，背要前探！以利協動順氣。呼吸要深長勻細，動作要緩慢沉穩，心念要集中。

2. 撐氣勢

【預備勢】：身正直立，眼平前視，雙腿併齊伸直，雙掌合十，高在鼻位，舌抵上腭，閉唇合齒，用鼻吸氣，意念守住丹田，覺氣緩緩充盈丹田。

當氣吸滿後，雙掌向左右緩緩撐出，五指張開，掌指向上，掌心向外，臂同肩平。用鼻吸氣，意想丹田內氣緩緩上提通臂並漸漸貫注雙手。臂直呼完，呼淨後，收返原預備勢，收回時吸氣，如此反覆練習（圖 5-9）。

心念集中，眼要炯起，平視不變，牙關咬緊，雙肩鬆沉，含胸，探背，收頜，臂直，腿直。

3. 托氣勢

【預備勢】：身正直立，眼平前視，雙腿併齊伸直，雙掌合十，高在鼻位，舌抵上腭，閉唇合齒，用鼻吸氣，意念守住丹田，覺氣緩緩充盈丹田。

當氣吸滿後，雙掌緩緩向上平行托出，五指張開，掌指向後，掌心向上，臂寬同肩。用鼻呼氣，意想內氣漸漸貫注雙手，至臂直後完成呼氣。然後收返預備勢，收時吸氣，回到原位正好吸滿。如此反覆練習（圖5-10）。

圖5-10

心念集中，眼要炯起，平視不變，牙關咬緊，雙肩鬆沉，含胸，探背，收頜，臂直，腿直。

4. 按氣勢

【預備勢】：身正直立，眼平前視，雙腿併齊伸直，雙掌合十，高在鼻位，舌抵上腭，閉唇合齒，用鼻吸氣，意念守住丹田，覺氣緩緩充盈丹田。

當氣吸滿後，雙手緩緩向兩胯外下按出，掌指向前，掌心向下，五指張開。用鼻呼氣，意想內氣緩緩貫注雙手，至臂直後完成呼氣，然後收回原勢，收時吸氣，到原位後吸滿。如此反覆練習（圖5-11）。

圖5-11

眼要炯起，平視不變，牙關咬緊，雙肩鬆沉，含胸，探背，收頜，臂直，腿直。

5. 擔氣勢

【預備勢】：身體直立，眼平前視，雙腿併齊伸直，雙掌合十，高在鼻位，舌抵上顎，閉唇合齒，用鼻吸氣，意念守住丹田，覺氣緩緩充盈丹田。

圖 5-12

當氣吸滿後，腰向側扭，雙掌前後擔出，掌心向前，五指張開，掌指向上。若向右扭，則左掌向前，右掌向後；若向右扭，則反之。先左後右或先右後左，順序自便，臂高同肩。用鼻呼氣，意想內氣漸漸貫注雙手，至臂直後完成呼氣，然後收回原勢，收時吸氣，到原位時吸滿，如此反覆練習。眼要炯起，前視不變，雙肩鬆沉，含胸，探背，收頜，臂直，腿直，心念要集中（圖 5-12）。

運氣貴緩！隨動而運，使意氣相合，要求加強心意體會。呼吸用順呼吸法，吸氣時腹鼓，呼氣時腹收。氣到雙手，有熱脹之感，覺雙手氣聚生勁，運氣功成，雙臂經脈通靈，意之所動，內氣即動，意到雙手，氣即貫注，雙手底功已備，則可發氣斷物。

三、發　氣

運氣有成，即練發氣，以獲得雙手巨勁。發氣歌訣：「練罷運氣練發氣，發氣全在一氣疾，吸聚呼發三節動，以

334

氣摧力大無比，意氣力合成一體，內勁
一出人驚奇，再加外功鐵手硬，走遍天
下無人敵。」

1. 太祖拍球

【預備勢】：兩腿前後分開，左腿
在前，右腿在後，前腿彎曲，後腿蹬
直，即弓步椿。揚起右掌，揚掌時用鼻
吸氣，全身放鬆，思想集中，意守丹
田，覺氣緩緩充盈丹田。

圖 5-13

然後向下拍擊而出，掌心向下，掌
指向前，五指微張。拍掌時要用全力，
即以腰發勁，調動整體，除臂動外，全
身俱動。同時以鼻快速呼氣，氣流從鼻
孔短促噴出，意在掌面，心感氣發到
掌，力大無比。炯目，咬牙，手掌肌肉
緊張，肘節微屈（圖 5-13）。

2. 單掌推碑

【預備勢】：兩腿前後分開，前左
後右，成弓步椿。右掌後撤，撤掌時用
鼻吸氣，全身放鬆，思想集中，意守丹
田，覺氣緩緩充盈丹田。

圖 5-14

然後向前全力推擊而出，掌心向前，五指併齊，掌指向
上。同時以鼻快速呼氣，氣流短促噴出，意在掌根，心感氣
發到掌，力大無比。炯目，咬牙，肘屈，掌緊（圖 5-14）。

3. 力劈華山

圖 5-15

【預備勢】：兩腿前後分開成弓步樁，前左後右，右掌揚起，揚掌時用鼻吸氣，全身放鬆，思想集中，意守丹田，覺氣緩緩充盈丹田。

然後向下全力劈擊而出，掌心向左，五指併齊，掌指向前。同時以鼻快速噴氣，意在掌棱，心感氣發到掌，力大無比。炯目，咬牙，掌緊（圖 5-15）。

4. 寶刀削喉

【蓄氣勢】：兩腿前後分開，成弓步樁。前左後右，右掌提起，提掌時用鼻吸氣，全身放鬆，思想集中，意守丹田，覺氣緩緩充盈丹田。

然後用全力向前削擊而出，掌心向下，掌形平臥。同時以鼻快速噴氣，意在掌棱，心感氣發到掌，力大無比。掌緊，炯目，咬牙（圖 5-16）。

以上四勢為太祖拳四大母掌：拍、推、劈、削。

5. 炮打龍頭

【預備勢】：兩腿前後分開，左腿在前，右腿在後，前腿彎曲，後腿蹬

圖 5-16

336

直，即弓步椿。右拳後撤，撤時用鼻
吸氣，全身放鬆，思想集中，意守丹
田，覺氣緩緩充盈丹田。

　　然後向前沖擊而出，拳心向左，
或拳心向下，拳面向前，腕節平直，
五指緊握。沖拳時要用全力，即以腰
發勁，帶動整體，同時以鼻快速呼
氣，氣流從鼻孔短促噴出，意在拳
面，心想氣發到拳，力大無比。炯
目，咬牙，擰腰，轉胯，拳緊，肘節
微屈（圖5-17）。

圖5-17

6. 油錘貫頂

　　【預備勢】：兩腿前後分開，成
弓步椿，左前右後，揚起右拳，揚拳
時用鼻吸氣，全身放鬆，思想集中，
意守丹田，覺氣緩緩充盈丹田。

　　然後向下全力蓋擊而出，拳心在
裡，拳面向下，五指緊握。同時用鼻
快速噴氣，意在拳面，心感氣發到
拳，力大無比。炯目，咬牙，擰腰，
肘屈，拳緊（圖5-18）。

圖5-18

7. 單鋒貫耳

　　【預備勢】：兩腿前後分開，成弓步椿，左前右後，收
撤右拳，撤拳時用鼻吸氣，全身放鬆，思想集中，意守丹

田，覺氣緩緩充盈丹田。

然後向前全力貫擊而出，拳心在裡，拳面在外，腕節平臥。同時用鼻快速呼氣，意在拳面，心感氣發到拳，力大無比。炯目，咬牙，擰腰，肘屈，拳緊（圖5-19）。

8. 黑虎掏心

【預備勢】：兩腿前後分開，成弓步樁，左前右後，落撤右拳，落拳時，用鼻吸氣，全身放鬆，思想集中，意守丹田，覺氣緩緩充盈丹田。

圖5-19

然後向前上全力掏擊而出，拳心向上，拳面向前，同時用鼻快速噴氣，意在拳面，心感氣發到拳，力大無比。炯目，咬牙，扭腰，蹬足，肘屈，拳緊（圖5-20）。

以上四拳為太祖拳四大母拳：蓋、貫、掏、炮。

發氣貴乎急！先蓄後發，配合手動，以氣催力，提高速度，加大沖量。氣在先行，力在後隨，氣到則力到。練

圖5-20

習日久，即聚即發，隨意蓄發，氣勁合一，大有妙用。

四、硬 功

硬功主修外剛，堅硬雙手，以氣功為根，再加用砂袋、

木板、磚塊、石塊等硬物操練，使掌如刀拳如錘，肉手變鐵。硬功歌訣：「內練丹田混元氣，外練雙手筋骨皮。砂袋木板磚石具，你不吃苦不成器。先輕後重要漸進，先軟後硬要循序。肉手成鐵真絕藝，打人如同打稀泥。」

1. 鐵砂袋

用竹葉一大把，在鍋內煮出綠水後，把竹葉撈出，將細鐵砂或粗鐵砂洗淨，放入鍋中，小煮片刻，用竹箕將鐵砂撈出，再放入鍋中炒乾，加放食油數滴，使鐵砂發黑色，倒出冷卻後，加布作一袋狀，大小適中，先練小後練大。此是古傳秘法，沒有條件直接用鐵砂即可。或用河沙、豆袋。

鐵砂袋練功有兩種置放法：一種臥放，放置於椅上、凳上或桌上；一種掛放法，掛在牆上或樹木上。臥放操練力劈華山、太祖拍球、油錘貫頂三勢，掛放操練單掌推碑、寶刀削喉、黑虎掏心、單鋒貫耳、炮打龍頭五勢，都按發氣要領打。

2. 木板

用小木板或大木板，臥放或懸掛。臥放操練力劈華山、太祖拍球、油錘貫頂，懸掛主要操練炮打龍頭、單掌推碑，輔練寶刀削喉、單鋒貫耳、黑虎掏心，都按發氣要領打。

3. 磚塊

準備普通磚幾塊，臥放於地上或置放於桌凳上，操練力劈華山、太祖拍球、油錘貫頂三勢，按發氣要領打。

4. 石塊

自製大石塊，置於桌上，主要操練炮打龍頭和單掌推碑兩勢，輔練寶刀削喉、黑虎掏心、單鋒貫耳三勢，按發氣要領打。初習時，可在磚塊或石塊上加覆書本、毛氈等軟物，由軟漸硬，可防受傷。高度要適當，動作要準確，不要急於求成。

練硬功要循序漸進，功量由小到大，打擊由輕到重，最忌急躁蠻暴，否則不但功夫無進，而且有害於身體。尤其是打硬者，稍有不慎，即致損傷，此時必須立即停止練功，調養後再練，嚴重者要去醫院治療。

五、收　功

 340

練功後，要做好收功，以卸火散瘀，消疲止痛，恢復常態。故在功後做「走丹田散步勢」：身正頭平，眼光平視，全身放鬆，思想集中，意念守存丹田，呼吸細勻，而後緩緩行走。如平常走步，可直走，可走圈，多走尤佳。並做活手功，其中有搓手、甩掌、抖指等。

功後定要避受風，避性事，避冷寒。另外，可用些藥水洗手，以消腫止疼，防傷增力。

第三節　小功夫

「丹田混元氣」和「大力金剛手」是太祖拳的兩大功夫，另外再加練一些小功夫，相輔相成，可進一步增強功勁，更加全面地提高技擊能力。

一、舒筋功

武諺常講：「寧練筋長三分，不練肉厚一寸。」練習舒筋功，可以增強身體的靈活性，提高發力的舒順度。

1. 合掌勢

圖 5-21

身正直立，雙掌合十於胸前，掌心相對，掌指向上。然後向下墜腕沉肘，漸漸降至心位、腹位，指尖隨動向裡緩緩傾斜。如此雙掌相互擠壓，逐漸加幅加力，指筋、腕筋、肘筋自然舒展開來，常練還能增強腕力、手勁（圖5-21）。

不可猝動，不可過猛，下沉度和傾斜度初練時不可過大，要防止傷筋。

2. 叉指勢

圖 5-22

雙手五指叉開，疊交在一起，手心向前，手背向後，虎口向下。然後從胸位向前伸出，臂節拉開即止，多做幾次，以舒腕筋、指筋和臂筋（圖5-22）。

3. 打躬勢

兩手成叉指型，然後向下推按，手心向下，手背在上，腰節下彎。雙腿伸直，不得彎曲。緩緩用力，拉伸腰筋與腿

圖 5-23　　　　　　　　　　　圖 5-24

筋，連帶背筋和臂筋（圖 5-23）。

4. 後仰勢

兩手成叉指型，然後向上伸開
手臂，手心向外，手背在內，並向
身後緩緩用力挪移，上身也隨之後
仰，漸漸加幅，以拉伸腰筋（圖
5-24）。

此勢常練，手心向後能輕鬆觸
地，腰節異常靈活。

圖 5-25

5. 擰腰勢

兩腿開立，膝節伸直，兩臂左右橫平伸開，手型隨意。
然後左手向右腳外側直直伸去，右手隨動向身後展開，肘節
不屈，腰向右擰；再把右手向左腳外側直直伸去，腰向左
擰，左手隨動向身後展開（圖 5-25）。

圖 5-26

圖 5-27

先左後右，或先右後左，緩緩習之，拉伸腰筋，連帶腿筋和臂筋，多練尤佳。

343

6. 仆腿勢

分左右兩勢，左右練法相同，以左勢為例說明。左腿向前伸出，腳尖向前，腳面繃直，然後右膝節向下彎曲，重心後移，以此拉伸左腿筋。左手可放在左膝蓋上，輔助向下用力（圖5-26）。

動作要緩，不可猝動。此法下拉勢即仆步椿。

7. 弓腿勢

分左右兩勢，左右練法相同，以左勢為例說明。右腿伸開，膝節蹬直，左腿向下緩緩彎曲，以此來拉伸右腿筋（圖5-27）。

此勢類似弓步椿，惟腿距大，重心低。

8. 劈腿勢

分正劈勢和側劈勢
兩種。

【正劈勢】：兩腿
左右分開，兩膝節伸
直，緩緩向下壓墜，漸
漸拉伸腿筋，至兩腿內
側全部貼地為止。

圖 5-28

【側劈勢】：兩腿前後分開，膝節伸直，緩緩下壓拉
伸，至襠部貼地為止（圖 5-28）。

此法非長時間鍛鍊不易成勢，一旦功到，腿筋全部拉
開，腿法靈活性極大增強，各種高腿都能應用自如。

二、鐵臂功

鐵臂功專門練習前臂骨肌的堅硬度和抗打力，主要提高
防守的能力，招架封阻，承接猛勁。臂功練好了，在強攻時
同樣有利。

直接對著樹木，或栽一木樁，然後用前臂向前橫撞，向
裡摟靠，先練骨面，再練骨棱，左右互換，由輕到重，由慢
到快，逐步提高前臂的抗擊力和臂骨的堅硬度。

樹木較硬，初練時可在木上紮些布條或麻繩等，先穿衣
服練，後再赤膊。練時精神要集中，不可急於求成，防止受
傷。

此功叫做「碰樹功」，屬單人操練法，也可兩人互相碰
臂增硬。

三、鷹爪功

鷹爪功專練爪指之功，主要提高抓鎖勁力，增加擒拿和摔跌的制勝能力。

預備一帶脖的菜壇，大小適中。然後對準壇脖，手如鷹爪之型，用勁施以撲抓、扣鎖、捋提、擰旋之法，緩緩練習，久則有功。初練空壇，後漸加重，功成後爪如鋼鉤，力大無比。

四、護體功

護體功增加周身受擊的能力，以保護臟腑，免受內傷，功成後不懼打擊。

初時先用雙手揉擦全身，再用手法拍打全身，後換外物排擊。先輕後重，先慢後快，最好在老師的指導下習練。尤其練外物排打時，更需謹慎，先用布袋，再用沙袋，後換木棒，千萬防止受傷。

大展出版社有限公司
品冠文化出版社

圖書目錄

地址：台北市北投區(石牌)
致遠一路二段 12 巷 1 號
郵撥：01669551＜大展＞
19346241＜品冠＞

電話： (02) 28236031
28236033
28233123
傳真： (02) 28272069

・少 年 偵 探・品冠編號 66

1.	怪盜二十面相	（精）	江戶川亂步著	特價	189 元
2.	少年偵探團	（精）	江戶川亂步著	特價	189 元
3.	妖怪博士	（精）	江戶川亂步著	特價	189 元
4.	大金塊	（精）	江戶川亂步著	特價	230 元
5.	青銅魔人	（精）	江戶川亂步著	特價	230 元
6.	地底魔術王	（精）	江戶川亂步著	特價	230 元
7.	透明怪人	（精）	江戶川亂步著	特價	230 元
8.	怪人四十面相	（精）	江戶川亂步著	特價	230 元
9.	宇宙怪人	（精）	江戶川亂步著	特價	230 元
10.	恐怖的鐵塔王國	（精）	江戶川亂步著	特價	230 元
11.	灰色巨人	（精）	江戶川亂步著	特價	230 元
12.	海底魔術師	（精）	江戶川亂步著	特價	230 元
13.	黃金豹	（精）	江戶川亂步著	特價	230 元
14.	魔法博士	（精）	江戶川亂步著	特價	230 元
15.	馬戲怪人	（精）	江戶川亂步著	特價	230 元
16.	魔人銅鑼	（精）	江戶川亂步著	特價	230 元
17.	魔法人偶	（精）	江戶川亂步著	特價	230 元
18.	奇面城的秘密	（精）	江戶川亂步著	特價	230 元
19.	夜光人	（精）	江戶川亂步著	特價	230 元
20.	塔上的魔術師	（精）	江戶川亂步著	特價	230 元
21.	鐵人Ｑ	（精）	江戶川亂步著	特價	230 元
22.	假面恐怖王	（精）	江戶川亂步著	特價	230 元
23.	電人Ｍ	（精）	江戶川亂步著	特價	230 元
24.	二十面相的詛咒	（精）	江戶川亂步著	特價	230 元
25.	飛天二十面相	（精）	江戶川亂步著	特價	230 元
26.	黃金怪獸	（精）	江戶川亂步著	特價	230 元

・生 活 廣 場・品冠編號 61

1.	366 天誕生星	李芳黛譯	280 元
2.	366 天誕生花與誕生石	李芳黛譯	280 元
3.	科學命相	淺野八郎著	220 元

・女醫師系列・ 品冠編號 62

・傳統民俗療法・ 品冠編號 63

・常見病藥膳調養叢書・ 品冠編號 631

1. 脂肪肝四季飲食　　　　　　　　蕭守貴著　200 元
2. 高血壓四季飲食　　　　　　　　秦玖剛著　200 元
3. 慢性腎炎四季飲食　　　　　　　魏從強著　200 元
4. 高脂血症四季飲食　　　　　　　　薛輝著　200 元
5. 慢性胃炎四季飲食　　　　　　　馬秉祥著　200 元
6. 糖尿病四季飲食　　　　　　　　王耀獻著　200 元
7. 癌症四季飲食　　　　　　　　　　李忠著　200 元

・彩色圖解保健・品冠編號 64

1. 瘦身　　　　　　　　　　　　主婦之友社　300 元
2. 腰痛　　　　　　　　　　　　主婦之友社　300 元
3. 肩膀痠痛　　　　　　　　　　主婦之友社　300 元
4. 腰、膝、腳的疼痛　　　　　　主婦之友社　300 元
5. 壓力、精神疲勞　　　　　　　主婦之友社　300 元
6. 眼睛疲勞、視力減退　　　　　主婦之友社　300 元

・心 想 事 成・品冠編號 65

1. 魔法愛情點心　　　　　　　　結城莫拉著　120 元
2. 可愛手工飾品　　　　　　　　結城莫拉著　120 元
3. 可愛打扮 & 髮型　　　　　　　結城莫拉著　120 元
4. 撲克牌算命　　　　　　　　　結城莫拉著　120 元

・熱 門 新 知・品冠編號 67

1. 圖解基因與 DNA　　（精）　中原英臣 主編 230 元
2. 圖解人體的神奇　　（精）　米山公啟 主編 230 元
3. 圖解腦與心的構造　（精）　永田和哉 主編 230 元
4. 圖解科學的神奇　　（精）　鳥海光弘 主編 230 元
5. 圖解數學的神奇　　（精）　柳 谷 晃　著 250 元
6. 圖解基因操作　　　（精）　海老原充 主編 230 元
7. 圖解後基因組　　　（精）　才園哲人　著 230 元

・法律專欄連載・大展編號 58

台大法學院　　　　法律學系／策劃
　　　　　　　　　　法律服務社／編著
1. 別讓您的權利睡著了(1)　　　　　　　　200 元
2. 別讓您的權利睡著了(2)　　　　　　　　200 元

・武 術 特 輯・大展編號 10

1. 陳式太極拳入門　　　　　　　馮志強編著　180 元

46. <珍貴本>陳式太極拳精選　　　馮志強著　280 元
47. 武當趙保太極拳小架　　　　鄭悟清傳授　250 元
48. 太極拳習練知識問答　　　　邱丕相主編　220 元
49. 八法拳 八法槍　　　　　　　武世俊著　220 元
50. 地趟拳＋VCD　　　　　　　張憲政著　350 元
51. 四十八式太極拳＋VCD　　　楊　靜演示　400 元
52. 三十二式太極劍＋VCD　　　楊　靜演示　350 元
53. 隨曲就伸 中國太極拳名家對話錄　余功保著　300 元
54. 陳式太極拳五動八法十三勢　　闞桂香著　200 元

・彩色圖解太極武術・ 大展編號 102

1. 太極功夫扇　　　　　　　　李德印編著　220 元
2. 武當太極劍　　　　　　　　李德印編著　220 元
3. 楊式太極劍　　　　　　　　李德印編著　220 元
4. 楊式太極刀　　　　　　　　王志遠著　220 元
5. 二十四式太極拳(楊式)＋VCD　李德印編著　350 元
6. 三十二式太極劍(楊式)＋VCD　李德印編著　350 元
7. 四十二式太極劍＋VCD　　　李德印編著
8. 四十二式太極拳＋VCD　　　李德印編著

・國際武術競賽套路・ 大展編號 103

1. 長拳　　　　　　　　　　　李巧玲執筆　220 元
2. 劍術　　　　　　　　　　　程慧琨執筆　220 元
3. 刀術　　　　　　　　　　　劉同為執筆　220 元
4. 槍術　　　　　　　　　　　張躍寧執筆　220 元
5. 棍術　　　　　　　　　　　殷玉柱執筆　220 元

・簡化太極拳・ 大展編號 104

1. 陳式太極拳十三式　　　　　陳正雷編著　200 元
2. 楊式太極拳十三式　　　　　楊振鐸編著　200 元
3. 吳式太極拳十三式　　　　　李秉慈編著　200 元
4. 武式太極拳十三式　　　　　喬松茂編著　200 元
5. 孫式太極拳十三式　　　　　孫劍雲編著　200 元
6. 趙堡式太極拳十三式　　　　王海洲編著　200 元

・中國當代太極拳名家名著・ 大展編號 106

1. 太極拳規範教程　　　　　　李德印著　550 元
2. 吳式太極拳詮真　　　　　　王培生著　500 元
3. 武式太極拳詮真　　　　　　喬松茂著

·名師出高徒· 大展編號 111

1.	武術基本功與基本動作	劉玉萍編著	200 元
2.	長拳入門與精進	吳彬等著	220 元
3.	劍術刀術入門與精進	楊柏龍等著	220 元
4.	棍術、槍術入門與精進	邱丕相編著	220 元
5.	南拳入門與精進	朱瑞琪編著	220 元
6.	散手入門與精進	張山等著	220 元
7.	太極拳入門與精進	李德印編著	280 元
8.	太極推手入門與精進	田金龍編著	220 元

·實用武術技擊· 大展編號 112

1.	實用自衛拳法	溫佐惠著	250 元
2.	搏擊術精選	陳清山等著	220 元
3.	秘傳防身絕技	程崑彬著	230 元
4.	振藩截拳道入門	陳琦平著	220 元
5.	實用擒拿法	韓建中著	220 元
6.	擒拿反擒拿 88 法	韓建中著	250 元
7.	武當秘門技擊術入門篇	高翔著	250 元
8.	武當秘門技擊術絕技篇	高翔著	250 元

·中國武術規定套路· 大展編號 113

1.	螳螂拳	中國武術系列	300 元
2.	劈掛拳	規定套路編寫組	300 元
3.	八極拳	國家體育總局	250 元

·中華傳統武術· 大展編號 114

1.	中華古今兵械圖考	裴錫榮主編	280 元
2.	武當劍	陳湘陵編著	200 元
3.	梁派八卦掌（老八掌）	李子鳴遺著	220 元
4.	少林 72 藝與武當 36 功	裴錫榮主編	230 元
5.	三十六把擒拿	佐藤金兵衛主編	200 元
6.	武當太極拳與盤手 20 法	裴錫榮主編	220 元

·少 林 功 夫· 大展編號 115

1.	少林打擂秘訣	德虔、素法編著	300 元
2.	少林三大名拳 炮拳、大洪拳、六合拳	門惠豐等著	200 元
3.	少林三絕 氣功、點穴、擒拿	德虔編著	300 元
4.	少林怪兵器秘傳	素法等著	250 元
5.	少林護身暗器秘傳	素法等著	220 元

國家圖書館出版品預行編目資料

少林正宗太祖拳法／高　翔　著
　　——初版，——臺北市，大展，2004〔民93〕
　　面；21公分，——（少林功夫；11）
　　ISBN　957-468-288-9（平裝）

1.少林寺
528.97　　　　　　　　　　　　　　　93001468

北京人民體育出版社授權中文繁體字版

少林正宗太祖拳法

ISBN 957-468--

著　　　者／高　　翔
責任編輯／趙　新　華
發 行 人／蔡　森　明
出 版 者／大展出版社有限公司
社　　　址／台北市北投區（石牌）致遠一路2段12巷1號
電　　　話／（02）28236031・28236033・28233123
傳　　　眞／（02）28272069
郵政劃撥／01669551
網　　　址／www.dah-jaan.com.tw
E－mail ／ dah_jaan@pchome.com.tw
登 記 證／局版臺業字第2171號
承 印 者／高星印刷品行
裝　　　訂／協億印製廠股份有限公司
排 版 者／弘益電腦排版有限公司
初版1刷／2004年（民93年）4月

定　價／280元

大展好書　好書大展
品嘗好書　冠群可期